AF364051

JEAN PETITOT

ET

JAQUES BORDIER

ÒUVRAGES DU MÊME AUTEUR

Etude sur William Ellery Channing. In-8°, 1867.

Essai sur le Montanisme. Un chapitre de l'histoire du second siècle, in-8°, 1870.

L'Etat moderne et l'Eglise catholique en Allemagne, vol. I : L'Allemagne sous le régime des concordats, 1742-1870, in-8°, 1875.

L'Eglise et l'Etat. Dialogue entre un partisan de l'Union et un séparatiste, in-8°, 1879.

Athanase Coquerel fils. Etude biographique. Vol. in-8°. avec un portrait, 1885.

Quelques réflexions sur le Collège de Genève et l'enseignement secondaire classique, in-8°, 1894.

L'œuvre de Calvin. Réponse à la conférence prononcée par M. Ferd. Brunetière, in-8°, 1902.

Aux Etats-Unis. Impressions de nature et souvenirs historiques, in-8°, 1903.

EN PRÉPARATION

Théodore de Bèze.
Bonivard. Froment. Farel. Viret.
Jean Calvin.
Luther.
Zwingli.
Berthold Haller. Vadian. Ecolampade.

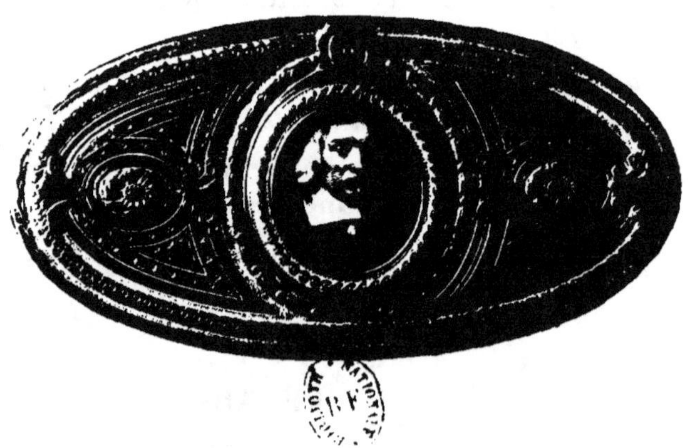

JEAN PETITOT

ERNEST STRŒHLIN

JEAN PETITOT
ET
JAQUES BORDIER

DEUX ARTISTES HUGUENOTS
DU XVIIme SIÈCLE

AVEC 21 PLANCHES
HORS TEXTE

GENÈVE
Henry Kündig, Editeur
11, CORRATERIE

1905

GENÈVE
IMPRIMERIE W. KÜNDIG & FILS

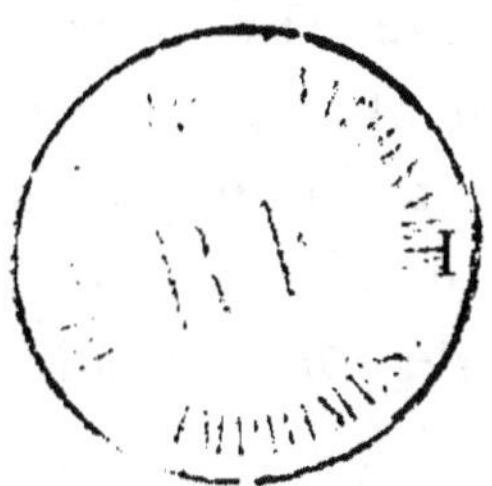

LE préjugé trop longtemps et trop généralement répandu, d'après lequel le Protestantisme, par sa froideur et sa sécheresse, aurait nui au développement du grand art, s'est dissipé devant le témoignage des faits ou, tout au moins, a perdu beaucoup de son crédit. En effet, plusieurs des plus illustres protagonistes de la Renaissance intellectuelle française au XVIme siècle furent également d'humbles et fervents adeptes de la Réforme religieuse. Leurs noms sont inscrits dans la *France Protestante,* ce véritable livre d'or, si patiemment et si pieusement rédigé, de 1846 à 1859, par deux bénédictins laïques, Emile

L'esquisse de ce travail a été tracée dans une Conférence prononcée le 4 décembre 1903, à l'Athénée, devant la Classe des Beaux-Arts et répétée le 6 février 1904 pour l'Union Chrétienne des jeunes gens.

et Eugène Haag, repris en 1877, sur des bases plus amples et plus solides, avec toute la précision de l'érudit moderne et toute la belle humeur du chevalier huguenot, par Henri Bordier, qui mourut vaillamment, la plume ou plutôt l'épée à la main, sur le champ de bataille, avant d'avoir conduit à son terme cette œuvre de foi, de science et de patriotisme.

Nous nous bornerons à mentionner, parmi les plus célèbres et les plus populaires de ces novateurs, Jean Cousin, appelé à juste titre le père de la peinture française, dont le *Jugement Dernier* se voit encore aujourd'hui au Louvre et l'*Eve Pandore,* à Sens, sa ville natale, Jacob Bunel et Ferdinand Elle, cultivant l'un, l'histoire, l'autre le portrait, tous deux employés par Henri IV à l'ornementation de Fontainebleau, les sculpteurs Jean Goujon et Ligier Richier, auteurs, le premier de la Diane du château d'Anet et du tombeau du maréchal de Brezé à la cathédrale de Rouen, le deuxième du *Crucifiement,* qui décorait à Bar-le-Duc la chapelle des princes lorrains, les architectes Androuet du Cerceau et Salomon de Brosses auxquels nous sommes redevables de quelques-unes des plus belles parties du Louvre, du

Pont-Neuf, du palais du Luxembourg, de la fontaine de Médicis, du temple de Charenton, de l'aqueduc d'Arcueil, des graveurs Abraham Bosse et Etienne Delaulne, dont le net et vigoureux burin se plut à reproduire de nombreuses scènes empruntées soit à l'Ancien, soit au Nouveau Testament, les céramistes Léonard Limousin et Bernard Palissy, le musicien Claude Goudimel qui composa les mélodies des Psaumes mis en vers par Clément Marot et Théodore de Bèze et dont le mâle génie ouvrit la voie si glorieusement parcourue au XVIIme siècle par Jean-Sébastien Bach et les grands maîtres germaniques, enfin, dans la sphère de l'art approprié à l'industrie, pour le meuble, Pierre Boulle et pour la tapisserie Gilles Gobelin. Sous leur vive et féconde impulsion naquit et se manifesta, dans les domaines les plus variés, une école véritablement nationale, pleine d'originalité, de sève et de hardiesse.

Ceux qui auraient gardé encore quelques doutes sur sa vitalité et son excellence les auraient perdus, après avoir visité l'Exposition organisée en mai-juin 1902, par la Société d'histoire du Protestantisme français, à l'occasion de son cinquantenaire, dans son hôtel de la rue des Saints-Pères. Son très aimable et très distingué président, le baron Fernand de Schickler, dédaigneux des choses déjà vues et connues de tous, s'était adressé de préférence aux musées de province et aux collections particulières, afin d'ajouter au charme du beau l'attrait de l'inédit. Sur les parois se succédaient les portraits des Condés et des Chatillons donnés à la Bibliothèque des Saints-Pères par M. de Schickler, ceux de Théodore de Bèze, prêté par Mme Alfred André, de Jeanne d'Albret, par Mme Maurice Cottier, d'Ambroise Paré, une admirable gravure de Delaulne, par M. de Montbrison, de Duplessis-Mornay par le Musée de Nantes. Les vitrines renfermaient des plats de Bernard Palissy appartenant au baron Gustave de Rothschild, des émaux de Léonard Limousin représentant les Réformateurs, une horloge du Neuchâtelois Boulle et une aiguière du Montbéliardais Briot, de magnifiques spécimens du point d'Alençon, inventé par une huguenote, Marthe Barbot, veuve du chirurgien Michel Mercier, sieur de la Perrière, les *Bâtiments de France,* par Androuet du Cerceau et de nombreux dessins originaux de Salomon de Brosses, des autographes de Renée de France, duchesse de Ferrare, de Charles IX, d'Henri IV, encore roi de Navarre et de sa sœur, Catherine de Bour-

bon, de Rohan et de Lesdiguières, d'Henri Estienne et de Théodore de Bèze, des livres rares,
des manuscrits, entre autres celui qui m'a fourni
les matériaux de ce travail et qui est écrit presque tout entier de la main de Petitot.

Ce précieux document[1] passa après la mort
de l'artiste, à une de ses filles, Marie Petitot,
mariée en 1693, à un ancien contrôleur général
de la cavalerie légère, Jean Bazin, seigneur de
Fins et de Limeville, et fixée avec lui à Rotter-
dam pour demeurer toujours en la possession de
ses descendants par la ligne féminine établis
tour à tour à Amsterdam, La Haye, Montpellier, Brest, Bordeaux et successivement représentés par les familles Bazin, Brunet et Roqueplane. La dernière d'entre eux, Pauline-Berthe
Roqueplane, veuve du vice-amiral Prouhet, le
céda pendant quelques semaines aux organisa-
teurs de l'exposition huguenote.

Il s'agit d'un volume dans le format in-octavo,
relié en parchemin et recouvert en velours grenat, avec gardes de satin, composé de 166 feuillets, dont les 58 derniers sont vierges de toute
annotation, mais tenu à jour jusqu'en 1844, tout

---

[1] Voir pour plus de détails: CHARLES READ, *Bulletin de la
Société d'histoire du Protestantisme français*, T. IX. HENRI
BORDIER, *ibidem*, T. X.

au moins pour la partie généalogique. Le titre indique suffisamment sa pieuse destination : *Prières et Méditations chrétiennes pour la famille, en temps de santé, de maladie et de mort*[1].

Petitot, en rédigeant ce petit livre de piété, s'était inspiré de l'exemple donné par plusieurs de ces coreligionnaires, désireux de posséder un viatique spirituel en temps de persécution. A la date de 1674 où il l'écrivit, c'est-à-dire onze années avant la Révocation de l'Edit de Nantes, l'horizon était déjà sombre pour l'Eglise réformée, les temples se fermaient, les pasteurs prenaient le chemin de l'exil et les laïques restés en France ne pouvaient compter sur d'autres moyens d'édification que sur ceux fournis par le culte domestique. Le but poursuivi par le pieux artiste fut pleinement atteint, le substantiel recueil formé par ses soins, consulté à plusieurs reprises par ses descendants, comme l'attestent

---

[1] Un autre exemplaire qui figurait aussi à l'exposition de 1902, relié, comme le précédent, en velours grenat, mais affectant le format in-4°, porte pour suscription : *Prières, Méditations et Actions de grâce, tant sur les prospérités que sur les adversités que Dieu m'a envoyées dans le cours de ma vie, dont je fais part à ma famille*, Petitot, 1682. Son histoire n'a pu être exactement reconstituée. Son propriétaire actuel, M. Chatoney, l'acquit en la vente de la bibliothèque du baron Jérome Pichon.

Page du titre.

Obligeamment communiqué
par la Société d'Histoire du Protestantisme français.

l'usure et de nombreuses variantes amenées par les vicissitudes politiques et épinglées sur le passage correspondant du texte original, afin d'être lues en lieu et place de ce dernier.

Les feuillets 3-17 sont remplis par une exhortation autobiographique intitulée : *A ma famille* et portant la date du 12 juillet 1674. En voici le début :

« Mes chers enfans, Dieu qui est l'auteur de
« ma vie par sa bonté, en a aussi toujours esté
« le conducteur et le protecteur; sa providence
« me l'a conservée jusqu'à un âge fort avancé.
« Et, contre toute espérance humaine, il m'a
« gardé et relevé de divers dangers mortels où
« je me suis vu. Et enfin il m'a comblé de par-
« ticulières grâces, entre lesquelles vous en re-
« marquerez cy apprès quelques-unes des plus
« considérables; de toutes ensemble j'ay à luy
« donner gloire.

« L'Eternel est ayde et bouclier à ceux qui
« s'assurent sur Luy; craignez l'Eternel et il
« vous bénira et adjoustera sa bénédiction sur
« vous, sur vous et vos enfans. Dès maintenant
« et jusques à toujours louons l'Eternel. Ps.
« CXV.

« Je vous avoue que ce me serait un regret
« de mourir sans vous laisser ce témoignage

« d'amour de père, par ce petit livre escrit de
« ma main qui contient diverses choses très
« utiles dans une famille, entre lesquelles vous
« y verrez, en la première partie, des prières
« pour le matin et pour le soir, dont on peut
« faire lecture, pour ne pas dire tous les jours une
« mesme prière par cœur, qui porte souvent à
« l'égarement. Les parolles que nous avons en
« la mémoire, par une longue accoutumance,
« nous viennent souvent sur la langue avant que
« d'entrer en nos pensées. Ce sera donc pru-
« demment faict d'user souvent d'autres prières
« ou faites sur le champ ou en des formes prépa-
« rées auparavant, qui soyent moins familieres
« à la mémoire que les ordinaires. Ceste diver-
« sité réveillera l'attention qui s'endort par l'ac-
« coutumance. Le principal conseil pour arres-
« ter notre attention en la prière, c'est de pen-
« ser à ce que nous allons faire avant que de
« la commencer, de parler en nous-mesme avant
« que de parler à Dieu, car nous nous mettons
« ordinairement à genoux, ayant l'esprit plein
« des affaires du monde, qui tiennent la place
« des pensées divines et surnaturelles. L'âme
« fidelle doit être tellement préparée toutes les
« fois qu'elle cherche Dieu, qu'elle puisse le
« trouver ; les prières des cœurs mal disposés

« produisent un effet contraire, elles esloygnent
« Dieu, provoquent sa colère, au lieu d'émou-
« voir sa miséricorde. Il ne faut pas s'étonner si
« Dieu n'octroye pas nos demandes, quand nous
« ne pensons pas à ce que nous lui demandons.
« Puis donc que l'égarement de nos pensées est
« la cause de ce mal, recherchons les causes de
« cet égarement pour y remédier, si c'est pos-
« sible. Il est certain que la plus grande est la
« faiblesse de nostre nature charnelle, incapable
« de concevoir ce grand Dieu qui est tout esprit
« et tout incompréhensible, demandons Luy
« avec foy et avec un zelle ardent qu'il Luy
« plaise de nous donner son esprit et sa grâce,
« et il nous l'accordera bénignement. La prière
« du juste, faite avec véhémence, est de grande
« efficace, Jac. V, 16.

« Es la seconde partie de ce livre vous y aurez
« aussi tout ce qui est de plus fort et de plus
« pressant à avoir pour nostre consolation au
« temps de la mort. Comme sont divers pas-
« sages admirables tirés de l'Ecriture Sainte,
« et quelques abrégés de méditations et de
« prières aussy tirés de l'excellent livre de feu
« M. Drelincourt. Lesquelles choses toutes en-
« semble consoleront une bonne âme à retour-
« ner avec joye à son Dieu.

« Estant privé de pasteur au lit de la mort,
« ce qui peut arriver, ce prompt secours est à
« désirer, j'avoue que nous avons amplement
« tout ce qui nous est nécessaire pour ces occa-
« sions, mais c'est en divers livres et endroits et
« par conséquent moins facile à avoir dans le
« besoin. Dieu veuille que vous vous puissiez
« tous salutairement servir de ce petit recueil,
« que je vous laisse et que je vous prie d'avoir
« toujours avec vous.

« Je recommande instamment aux aisnés
« d'entre vous, qui estes à présent deux fils et
« deux filles de tenir lieu de père à quatre frères
« et deux sœurs que vous avez en bas-âge, en
« cas qu'il plaise à Dieu de m'appeler bientôt à
« lui et me priver des soins de les pouvoir élever.

« Encore que vous ayez pu recognoistre en
« moy beaucoup de défauts, ce ne laisserez pas
« de croire que vous aurez aussi observé que
« vous estes enfants d'un père qui n'a rien épar-
« gné suivant son pouvoir à subvenir à toutes
« les choses nécessaires pour vostre entretien
« et pour vostre éducation. En quoy vous devez
« recognoistre la grâce que Dieu vous a faite.
« Je ne puis vrayement vous laisser que peu de
« biens selon le monde; mais je vous laisse pour
« héritage l'alliance de Dieu et sa bénédiction.

mais beaucoup plus pource que vous estes enfans de Dieu. Et comme il est fort auancé en âge
et des long temps en ce monde Sa principale pen
sée ne doit plus estre qu'à se disposer a en sortir
et à mourir en la grace de Dieu. C'est a quoy i'aspire de tout mon coeur. Et auant ce délogement
ce m'est une ioye de vous pouuoir donner de —
nouueau ma benediction et faire mes amples
et dernieres exhortations afin de parler encore
à vous aprés ma mort.

Quand Dieu nous aura Separez il nous rassemblera et nous mettra au lieu ou les liens charnels
ne seront plus, et ou les affections paternelles et filiales seront eteintes et englouties par la force et ardeur de l'amour de Dieu, qui rassasiera tous nos desirs
et exclurra toutes nos craintes, et nous remplira de lu-
miere. En attendant ce temps, ie prie Dieu qu'il vous
couure de Ses aisles, qu'il Vous adresse par Son Esprit,
et par Sa prouidence, et qu'il Vous deliure de toute mau-
uaise oeuure et finalement qu'il Vous reçoiue en Son
Royaume Celeste. A luy Soit louange et gloire es
Siecles des Siecles.

Vostre Pere et entier amy —   Petitot.
A Paris ce 12 Juillet 1674.

« Quand vous considérerez les bontés qu'il a
« employées pour moy, vous aurez grand sub-
« ject d'admirer sa providence, qui a toujours
« pourveu à toutes mes nécessitez et je puis dire
« avec le Psalmiste que Dieu m'a vrayement
« écouté et a esté attentif à la voix de ma re-
« queste, et qu'il n'a point retiré de moy sa
« gratuité. Enfin il m'a donné de très grands
« témoignages de son amour au besoin.

« Il le faut bénir en recognoissant le soin pa-
« ternel qu'il a eu de nous, pour luy en rendre
« éternellement grâces, mais très particulière-
« ment pour la plus grande de ses bontés
« de nous avoir fait naistre en son Eglise,
« par une grâce singulière comme vous verrez
« icy. »

Viennent de nombreuses prières, exhortations et méditations destinées au culte de famille, qui devaient être dites le matin et le soir
et se trouvaient adaptées aux différents âges
comme aux diverses circonstances de la vie, à
la jeunesse et à la vieillesse, à la santé et à la
maladie, à la consolation du fidèle pendant
l'épreuve et à sa préparation en vue de la mort.
La plupart ont été fournies soit par le pasteur
de Paris qui avait béni le mariage de Petitot,
Charles Drelincourt, soit par un célèbre contro-

versiste de la première moitié du XVIIme siècle,
le pasteur et professeur de Sédan, Pierre Du
Moulin, car l'impeccable orthodoxie de l'artiste
s'alimentait, contre les défaillances toujours pos-
sibles de son cœur et des tentations venues du
dehors, dans une haine vigoureuse de l'Eglise
romaine. Nous citerons, comme particulièrement touchantes, celles qui engagent le chrétien, pour obtenir la paix de la conscience, à
remettre heureusement son âme entre les mains
de Dieu et celle « que je ferais à Dieu lorsqu'il
lui plaira de me retirer de ce monde, et que je
lui fais, dès à présent, de tout mon cœur. » Il
convient également d'en signaler une autre,
écrite spécialement pour Petitot, par le pasteur
et professeur François Turrettini, une attention
aisément explicable, puisque, d'après des papiers
manuscrits conservés dans les archives fami-
liales, la pièce en question porte la date de 1685,
l'année même de la Révocation.

Les trois premiers feuillets du manuscrit
sont occupés par la liste des naissances, mariages et décès survenus dans la famille, liste
commencée par Petitot et continuée après sa
mort, soit par son fils Paul, soit par sa fille,
Mme Bazin de Limeville et ses descendants. La
dernière annotation, inscrite par la propriétaire

actuelle, Mme la vice-amirale Prouhet, est datée de Brest en 1844.

Le recueil ne serait pas l'œuvre, soigneusement tenue au jour, d'un peintre célèbre, si le texte n'en avait pas été rehaussé par des ornements artistiques. La première page est décorée d'un frontispice architectural, relevant de l'ordre ionique, et entre les colonnes duquel apparaissent, au milieu d'un encadrement de passages scripturaires, les trois vertus théologales : la Foi, l'Espérance et la Charité. Au cours du volume se rencontrent quatre lavis à l'encre de Chine, remarquables par leur sobre élégance et reproduisant la Nativité et la Crucifixion, la Mise au Tombeau et l'Ascension du Christ. La composition et l'ordonnance, toute traditionnelles, montrent l'influence qu'exercèrent sur Petitot les maîtres italiens, contemplés vraisemblablement sur les lieux mêmes pendant ses années de jeunesse et d'études. De nombreux fragments bibliques commentent les scènes représentées et traduisent les pieuses impressions de l'artiste.

Une note des plus curieuses nous renseigne sur les scrupules engendrés en lui par ses croyances calvinistes et contre lesquels il avait longtemps lutté avant de saisir le pinceau et de

se mettre définitivement à l'œuvre. « Comme
« nous devons avoir au cœur vivement gravées,
« dit-il, la bienheureuse naissance de notre Sei-
« gneur Jésus, sa mort douloureuse et sa résur-
« rection triomphante estant la seule et unique
« bonne pensée du Chrétien, me trouvant en
« quelque façon capable d'en faire en ce livre
« les tableaux, pour représenter à nos yeux cor-
« porels, ce que les yeux de la foi doivent inces-
« samment contempler comme les objets de
« notre souveraine félicité, j'ay cru, sans scru-
« pule, bien que les images ne soyent pas otho-
« risées entre nous réformés qui sommes, par
« la grâce de Dieu, éloignés de toute adoration
« terrienne, qu'il me serait bien permis de faire
« voir la représentation de ce divin Sauveur
« naissant, crucifié, agonisant, et s'écriant :
« Mon Dieu, mon Dieu, pourquoy m'as tu aban-
« donné ? Ce qui nous doit faire dire, avec Saint-
« Paul : Je ne veux rien savoir que Jésus crucifié.
« A quoy il faut joindre le tableau de sa glo-
« rieuse résurrection, affin aussi de pouvoir
« dire : Jésus est ma résurrection et ma vie. »

Enfin, au recto et au verso du deuxième
feuillet, sont dessinés à l'encre de Chine, les
deux portraits restés très expressifs, quoique
fort endommagés par le temps, de Petitot et

Portrait de Marguerite Petitot-Cuper
par son époux.

Placé en tête du journal.

de Marguerite Cuper son épouse. Cette dernière, une femme encore jeune, aux traits nobles et énergiques, à l'attitude pleine de calme et de dignité, est représentée en buste, porte des cheveux frisés, à la mode du XVIIme siècle et se drape dans une robe de soie, dont les plis, amples et harmoniques, sont retenus par un nœud de rubans sur sa poitrine[1]. Au bas du cadre se lit l'inscription biblique : « La piété a « les promesses de la vie présente et de la vie à « venir, en laquelle nous iouirons, avec tous « les Saints, des biens qu'œil n'a point veu, « qu'aureille n'a point ouy, et qui ne sont point « mortes au cœur de l'homme. »

Petitot accompagna son propre portrait d'une affectueuse dédicace : « Je vous fay présent, ma « chère femme, de ce petit recueil de prières et « de méditations, que j'ay faict pour le laisser à « notre famille, affin qu'il luy soit une aide « pour les porter à la piété. »

Ce dessin à l'encre de Chine nous est d'autant plus précieux qu'il figure au nombre des très rares images qui nous aient été conservées du célèbre artiste. Aussi M. Henri Bordier l'a-t-il fait reproduire en tête des deux volumes

---

[1] Reproduit dans le *Bulletin de la Société d'histoire du Protestantisme français*, 1902.

consacrés aux *Emaux du Musée du Louvre,*
gravés au burin par Ceroni, publiés en 1862
par Blaisot. Petitot nous apparaît comme un
homme déjà mûr, coiffé d'une ample perruque,
cravaté avec un rabat de linon blanc, enveloppé
dans un manteau de couleur sombre et semblable à ceux adoptés par les ministres du
Saint-Evangile. Les yeux sont vifs et scruta-
teurs, le nez plutôt fort, la bouche fine et spirituelle, l'expression sérieuse et méditative.

Il existe du peintre un autre portrait, celui-là
sur émail, mesurant 18 millimètres sur 20,
monté sur une boîte en or ciselé et portant au
dos la suscription P. F. Sa ressemblance avec
le dessin placé en tête du *Recueil de Prières* est
incontestable, mais ne se révèle qu'après un
examen attentif. Le regard est dérouté au premier abord par la différence du costume, puisqu'il s'agit d'un personnage vêtu selon la mode
de Louis XIII, avec ses cheveux naturels, longs
et grisonnants, une moustache et une barbiche
à la Richelieu, un pourpoint de velours noir, un
grand col blanc attaché par un cordon. Nous
tenons cet émail, malgré l'opinion contraire de
quelques historiens, pour l'œuvre de Petitot lui-
même et non de son fils, à cause de la délicatesse de la touche, de l'harmonie du coloris, de

JEAN PETITOT FILS
Portrait attribué à Mignard.

Collection du Musée Rath. Genève.

la finesse des détails, de la perfection de l'ensemble[1]. D'autres ont vu dans ce digne vieillard, avec des motifs plausibles à l'appui de leur dire, le père de l'illustre artiste, le sculpteur sur bois Faulle Petitot.

En revanche l'inauthenticité de la toile, fort belle du reste, attribuée à Pierre Mignard et possédée par le musée de Genève, est aujourd'hui solidement établie. Le personnage représenté est le fils aîné de Petitot, un homme d'avenante physionomie et de tournure distinguée, âgé d'environ 35 ans, coiffé d'une vaste perruque noire, cravaté d'une riche dentelle, drapé dans un manteau de soie cramoisie. La confusion commise en 1815 par le baron Grenus dans ses *Fragments des Registres des Conseils de Genève,* s'explique par la double similitude du prénom et de la profession.

[1] Il existe, au palais de la Haye, un portrait, également sur émail, de Petitot, exécuté par lui-même et ayant appartenu à la reine Sophie des Pays-Bas.

II

ES Petitot étaient originaires de la Bourgogne, un fait qui suggère de significatifs rapprochements.

Tout d'abord, la plupart des peintres qui illustrèrent Genève pendant le XVIIme et le XVIIIme siècles, appartinrent à des familles émigrées pour la sauvegarde de leurs croyances religieuses. Les Bordier vinrent de l'Orléanais, les Arlaud de l'Auvergne, les Huauld du Poitou, les Thouron du Rouergue, les Gardelle du Languedoc.

Ensuite, s'il convient, à l'exemple de Taine et de Sainte-Beuve, de tenir grand compte, en étudiant la formation intellectuelle d'un écrivain, du pays où il vit le jour et des facultés maîtresses de ses compatriotes, la Bourgogne offre un terrain des plus favorables au développement esthétique avec les admirables édifices qui s'élèvent dans ses différents districts, édifices plus nombreux encore et mieux conservés au XVIme qu'au XXme siècle. Je ne parle point seulement de Dijon, une des villes les plus belles et les plus curieuses de France. Il me suffira de citer, à l'appui de mon dire, l'Officialité de Sens, les hôpitaux de Beaune et de Tonnerre, les églises d'Auxerre, de Semur, de Vezelay, l'abbaye de Cluny, les monuments romains d'Autun, les tombeaux à Brou, de Philibert le Beau et de Marguerite d'Autriche, rivaux de ceux de Philippe le Hardi et de Jean Sans Peur. D'autre part la province se montra aux divers âges de son histoire, féconde en artistes habiles à manier la plume ou la parole, le clavecin, le ciseau ou le pinceau : Saint-Bernard, Bossuet et Lacordaire, Théodore de Bèze et Simon Goulart, Mme de Sévigné et son cousin Bussy-Rabutin, le comte de Buffon et le président de Brosses, Rude et Prudhon, Rameau et Lamartine, dont les vers l'emportent sur les plus harmonieux accords.

Le premier, par la date, des Petitot[1], dont le

---

[1] Nous lisons dans le journal de Petitot : « Feu mon « grand-père estait natif de Bourgogne où il pratiquoit la mé- « decine et estoit fort estimé pour l'anatomie. Il vivoit dans « un temps de terribles persécutions pour ceux de la religion,

souvenir soit parvenu jusqu'à nous, Guyon ou
Guiod, médecin, fixé à Villers-le-Duc, près Dijon,
en Bourgogne et réputé expert dans son art,
anatomiste habile, ne s'enferma pas, pour ses
études, dans un domaine spécial, mais se sentit
attiré, comme tous les érudits de la Renaissance,
par les divers problèmes agités de son temps,
politiques et scientifiques, philosophiques et
théologiques. Son indépendance d'esprit, ainsi
que ses libres et persévérantes recherches,
l'amenèrent de bonne heure à se détacher de la
foi de son enfance, mais, s'il se sentit attiré par
les idées nouvelles, il ne donna jamais son
adhésion implicite au Crédo de Calvin et ne se
rallia ouvertement à aucune communauté évangélique. Il n'était point prudent, sous le règne
de Charles IX, d'affirmer trop haut ses sympathies hérétiques, la persécution avait recom-
mencé à sévir, plus violemment encore en province qu'à Paris et, après la Saint-Barthélemy,
le clergé romain exerçait un pouvoir absolu

« qui estoit sous le règne de Charles Neuf et n'avoyent
« en ces lieux-là aucun exercice, on n'osoit déclarer
« ny baptiser les enfants qu'à l'Eglise romaine, comme
« a esté feu mon père, qui fut nommé Faulle. Ils ne pou-
« voyent donner à leurs familles que fort en secret des lu-
« mières et des instructions de la religion réformée. »

sur des populations ignorantes et fanatiques. D'ailleurs, le Docteur Guyon mourut jeune et sans laisser aucune fortune à son fils unique, affublé du bizarre prénom de Faulle[1]. D'anciens biographes ont prétendu lire Paul ou Saul, mais il n'est question, dans le texte primitif, ni de Tarse, ni de l'Apôtre des Gentils.

L'orphelin fut recueilli par des parents demeurés dans le giron de l'Eglise Romaine, qui s'efforcèrent de lui donner une bonne éducation et l'envoyèrent, pour apprendre la sculpture, à Lyon d'abord, puis dans différentes villes d'Italie[2]. Entre toutes, Rome, où les chefs-d'œuvre antiques alternaient avec les géniales créations de la Renaissance, produisit, sur son intelligence enthousiaste et ouverte à toutes les séductions du beau, la plus forte impression. Il

---

[1] Ces quatre derniers mots sont écrits au crayon en inter-ligne. Le nom de Faulle, quoique bizarre, est lisiblement écrit.

[2] Feu mon dit père, dans un âge fort bas, perdit ses père et mère avec les biens, comme diverses autres personnes firent dans ce misérable temps de confusion. Il se trouva gouverné par des catholiques romains, qui prirent soin de son éducation et qui l'envoierent à Lion pour lui apprendre l'art de la sculpture, ensuite de quoy il sen alla en Italie (pour se perfectionner au dit art), où il demeura plusieurs années, comme je l'ay remarqué cy devant.

y goûta, durant plusieurs années, un solide bonheur, fondé sur l'exercice assidu et lucratif de sa profession, mais son caractère naturellement grave et ses aspirations soutenues vers un sévère idéal religieux se sentirent froissés à la longue par la grossière immoralité de son entourage. Le catholicisme venait, en effet, de traverser sa période païenne sous le régime des papes issus de la maison de Médicis. Il n'était aucunement besoin, pour se trouver scandalisé par ce débordement profane, d'une âme aussi ardemment éprise de sainteté que celle de Luther. Les désordres, qui s'étalaient de toute part avec une provocante impunité, avaient engendré un profond dégoût dans une nature aussi frivole et aussi indulgente que celle de Bonivard. Faulle Petitot fut également touché par la grâce divine.

« Dieu, » dit son fils en un langage biblique,
« a tiré feu mon père, duquel j'ay à vous parler,
« du milieu des profondes ténèbres et de l'ido-
« lâtrie, où apparemment nous aurions tous pris
« naissance. Il luy toucha le cœur en ses
« grandes compassions et luy ouvrit les yeux en
« luy faisant apercevoir l'idolâtrie des peuples
« qui se prosternoyent devant les œuvres de ses
« mains sitost qu'elles en estoyent sorties, ce

« qui finalement luy fit concevoir de la haine
« pour cette terrestre et superstitieuse reli-
« gion. »

Le dommage pécuniaire, qui résulta, pour le
sculpteur sur bois, de sa conversion à l'Evangile, ne laissait pas d'être considérable, puisqu'il
disposait d'une nombreuse clientèle parmi la
noblesse romaine, mais ses rêves de gloire mon-
daine ne pesaient que peu dans la balance, mis
en parallèle avec la libre et franche affirmation
de ce qu'il croyait la vérité absolue. De même
qu'à tous les proscrits huguenots, Genève lui
apparut comme le phare illuminateur de sa nouvelle existence ; aussi refusa-t-il les offres avan-
tageuses qui lui furent faites par plusieurs
princes, entre autres le duc de Savoie, Charles-
Emmanuel Ier et ne s'estima-t-il certain de son
salut que lorsqu'il eut émigré en 1597[1] dans la

---

[1] « C'est de Rome, où il estoit établi depuis plusieurs an-
« nées, avec tous les avantages qu'il pouvoit espérer en sa
« condition, estant, sans le flater, fort considéré par les
« sciences quil possédoit, entre lesquelles il exerçoit avanta-
« geusement celle de l'architecture et de la sculpture. Il se
« retira à Genève en 1597 (où il trouva la lumière qu'il cher-
« choit) pour y finir ses jours et fut assez heureux d'avoir
« l'honneur d'y estre particulièrement aimé de Monsieur de
« Bèze, qui contribuast beaucoup à son bonheur. C'est le
« lieu où il se maria et où je suis né en 1607, et où il n'ar-

ville aux trois clochers. Sa position sociale y fut au commencement des plus modestes. Il se chargea de travaux de charpente et de menuiserie pour les portes de l'enceinte et fabriqua les modèles en relief des principaux édifices, entre autres de l'Hôtel-de-Ville. Les magistrats furent si satisfaits de son activité qu'ils lui octroyèrent la bourgeoisie le 26 juin 1615, « gratuitement disent les registres du Conseil, « moyennant deux seillots et deux mousquets, « en considération des services que la sei- « gneurie espère recepvoir en son art pour les « bastiments publics. »

Parmi les plus zélés protecteurs de Faulle se trouvait Théodore de Bèze, ce qui n'a point lieu de nous surprendre, moins encore à cause

« riva pas avec moins de joye que celle qu'il ressentit lors- « quil sortit de Rome. Il prefera l'interest du ciel à celui de « la terre et méprisa dès le commencement de sa retraite, « d'assez grands avantages que le prince voisin luy fit of- « frir avec mesme liberté de conscience au cas qu'il voulust « aller à Turin. Mais il se trouvoit trop heureux en sa con- « dition pour écouter les propositions de quelques autres et « jamais aucun offre avantageux ne l'a tenté pour rien faire « de toutes les choses dépendantes de l'Eglise Romaine. « Je vous ay bien voulu, mes enfants, dire ces quelques par- « ticularités, afin que vous ayez plus grand subject d'admi- « rer sur le cours de la vie de vostre grand père, la divine « providence et la bonté de Dieu. »

de leur commune origine bourguignonne que
de l'ample et complexe personnalité du Réfor-
mateur. Lorsque nous ne la considérons uniquement, comme nous le faisons d'habitude, que
sous son côté rigide, et je ne crains pas d'ajouter, sectaire, nous sommes amenés à porter sur
elle un jugement des plus inexacts, parce que
nous laissons volontairement dans l'ombre
quelques-uns de ses traits essentiels. Il convient
au contraire de ne pas oublier dans notre étude
à côté du pasteur actif et vigilant, du prédica-
teur sévère et incisif, du théologien laborieux,
érudit et fidèle, inflexible gardien de la doctrine
calviniste, l'élégant et délicat humaniste, curieux de tous les problèmes agités à son époque
et qui ne renia jamais les *Juvenilia,* l'homme
du monde, dont la vaste correspondance avec les
plus distingués de ses contemporains constitue
pour nous une mine abondante en renseignements historiques de premier ordre, le diplomate prudent et avisé, dont la République de
Genève rechercha le précieux concours dans ses
longues et difficiles négociations, soit avec la
cour de France, soit avec les puissances protestantes. Le gentilhomme ne s'effaça jamais chez
lui devant l'homme d'Eglise. Il suffit, pour s'en
convaincre, d'examiner avec quelque attention

le beau portrait qui fut exécuté de lui dans sa 78ᵉ année et qui appartient à Mᵐᵉ Alfred André.

Faulle Petitot mena dans sa nouvelle patrie une existence des plus heureuses et des plus respectées. De son mariage, célébré le 12 août 1598, avec Etiennette ou Etienna Royaume, le troisième enfant de Pierre Royaume et de Catherine Cheynet, l'héroïne de l'Escalade, tous deux originaires de Lyon, naquirent cinq enfants, quatre fils et une fille, 1° Pierre, docteur en médecine (4 novembre 1600, † 22 juin 1668) ; 2° Joseph, maître sculpteur (24 octobre 1602, † 28 juillet 1665); 3° Isaac, également sculpteur (7 décembre 1604) ; 4° Jean ; 5° Marie (26 avril 1610, † 1677), qui épousa successivement le diamantaire d'origine bourguignonne Daniel Douard, l'orfèvre Pierre Prieur, le spectable Page, pasteur à Gingins[1].

« Vostre grand père, » rappelle l'illustre peintre à ses descendants dans son journal, « a esté un exemple de piété, de zelle et de cha-« rité. Il a vescu comme il faut mourir, et re-« gardoit les choses d'ici-bas comme on les re-« garde du ciel. Il a rendu son âme à Dieu, le « 3 juillet 1628, avec toute la foy et toute la

---

[1] Voir : Louis Dufour-Vernes. Les descendants genevois de la Mère Royaume, br. in-8°, Genève, 1881.

« conscience qu'un fidelle chrétien peut faire.
« Jamais personne n'a envisagé la mort avec
« plus de joye que luy, bien qu'il n'eut pas
« subject de se déplaire en cette vie, mais pour
« ce qu'il aspirait à une meilleure. »

Jean Petitot, le seul de sa famille qui appartienne à l'histoire, naquit à Genève, le 12 juillet 1607, et fut baptisé le 26 du même mois, dans le temple de Saint-Gervais, au service du soir, par Spectable Grenet [1]. Ses précoces aptitudes pour le dessin engagèrent son père à lui faire faire un apprentissage de joaillier-orfèvre, un

[1] Petitot, très fier et très reconnaissant de sa venue au monde sur terre genevoise, en appréciait moins les privilèges civils, comme le fit plus tard Rousseau que les obligations religieuses. Nous lisons en effet dans son journal : « Tu m'as « été favorable, o Dieu, dès le ventre de ma mère et m'as, « dès mon enfance, illuminé de ta sainte connaissance, par « l'éducation et les bonnes instructions et bons exemples « d'un bon père, quil t'a plu par ta singulière grâce, tirer, « en sa jeunesse, des ténèbres à ta divine et merveilleuse « lumière, lui inspirant pour cette fin de chercher une re- « traite, où fut prêchée la pureté de l'Evangile en toute son « étendue, commeelle est à Genève, où Dieu a posé le flam- « beau de sa Parolle, pour la retraitte et consolation de plu- « sieurs des siens. C'est ce qui a fait toute sa joye, et, sy « estant marié, a fait aussi tout mon bonheur, ayant pris « naissance en sonEglise et m'ayant mis au chemin de salut « et de vie, dont je lui en dois faire tous les jours une con- « stante et perpétuelle reconnaissance. »

métier alors des plus lucratifs et qui lui pro-
mettait pour l'avenir une solide aisance, tout en
lui garantissant dès le début la satisfaction de
ses goûts artistiques. Son premier maître,
Pierre Bordier, plus âgé que lui seulement de
quelques années, mais déjà expert dans l'exercice de sa profession, se sentit immédiatement
attiré par sa loyale franchise et veilla sur son
éducation avec une intelligente sollicitude.

Qu'étaient les Bordier ? des propriétaires originaires de l'Orléanais, émigrés à Genève pour
cause de religion, inscrits le 13 avril 1554 sur
le registre des habitants et admis, le 30 avril
1571, à la bourgeoisie[1]. Le trois-centième an-

---

[1] L'élévation de la pensée et la gravité du langage qui caractérisent ce document m'engagent à le reproduire dans sa
teneur intégrale. La minutieuse énumération des devoirs
que s'engageaient à remplir les citoyens du XVIᵐᵉ siècle,
forme un instructif contraste avec la facilité avec laquelle
se prodigue aujourd'hui l'admission à la bourgeoisie.

Lettre de bourgeoisie: « Nous Syndiques et Conseil de
« Genève, A tous faisons notoire et manifeste, comme au
« jour d'huy, date des présentes, en nostre ordinaire Con-
« seil au nom de Dieu assemblez, à la très humble requeste
« de Guillaume Bourdier, fils de feu Pierre, natif du lieu
« de Condio près d'Orléans, icy présent et avec action de
« grâces humblement acceptant, bénignement incliné, avons
« icelluy receu, creé, constitué et faict et recevons, créons,
« constituons et faisons nostre bourgeois et juré de nostre

niversaire de cet événement fut célébré le 3o avril 1871, par un repas, auquel assistèrent tous les descendants de Guillaume Bordier présents à Genève et dont un d'eux, Henri Bordier, profita pour retracer, avec une élégante précision, les destinées de la famille depuis sa

« cité et au grême, rang et compagnie de nos autres bour-
« geois et jurés l'avons assemblé et estably, assemblons et
« establissons pour luy et ses enfants, naiz et à naistre,
« masles, naturelz et légitimes jusques à l'infiny, voulans et
« déclarans que dez icy et à l'advenir perpétuellement, tant
« que luy et les siens sus ditz feront leur habitation en nos-
« tre ditte cité, ils puissent jouyr et gaudir tant du dit nom
« de bourgeois que de toutes les autres prérogatives à eux
« concédées, aussi devises es honneurs, préhéminences,
« commodités et charges, que tous nos aultres bourgeois
« sont coustumiers avoir et supporter ; et le dit Guillaume
« Bourdier nous a de sa bonne volonté promys et juré pour
« luy et les siens susdicts, que par cy après il sera bon et
« loyal a la nostre ditte cité de Genève, y vivant selon la
« saincte réformation de l'Evangile, item qu'il sera obéissant
« tant à nous qu'à tous ceux qui seront à l'advenir Syndi-
« ques et à leurs officiers ; item d'observer, garder et
« tenir les libertés, franchises, us, statutz, coustumes et
« editz de la cité ; item contribuer aux editz faitz à l'util-
« lité et ayde d'icelle ; item de venir en Conseil, quand
« il y sera demandé, de bien et loyaulement conseiller et
« tenir secret tout ce qui sera dict en icelly ; de reveller à
« nous et à nos successeurs tout ce quil cognoistra estre
« contraire à nostre ditte citté ; de pourchasser l'honneur,
« bien et advancement d'icelle ; d'achapter maisons, posses-
« sions, prés et vignes dedans noz franchises selon sa fa-

conversion au Protestantisme[1]. Si cet excellent exemple avait été suivi par un plus grand nombre de nos concitoyens, nous serions plus exactement renseignés sur un passé instructif et honorable entre tous.

Le premier des Bordier, dont les documents notariés fassent mention, Guillaume, naquit à Chanteau (Candio, Cantiau), un village perdu

« culté ; item d'estre fourny et assorty d'armes selon son
« pouvoir pour la deffence et ayde d'icelle, de ne mener mar-
« chandise estrange en son nom pour la défrauder, de ne
« s'absenter en temps de nécessité, de ne sortir d'icelle pour
« aller habiter ailleurs sans licence, finallement de n'y
« faire ny souffrir estre faictes aucunes pratiques, machina-
« tions ou entreprinses contre la ditte cité ni contre le ma-
« gistrat, république, libertez, éditz ni statutz et coustumes
« d'icelle, mais le tout incontinent nous descouvrir, reveller
« et rapporter quand il l'aura apperçu et generallement de
« faire dire et exercer toutes aultres choses à la ditte bour-
« geoisie appartenantes. Ce qu'avons fait, tant de grâce
« specialle que moyennant la somme de quatre escus d'or
« et ung seillot de cuir bouilly pour la déffence contre le feu
« qu'il nous debvra payer ez mains de nostre bien aymé
« général trésorier qui nous en debvra tenir compte. En foy
« de quoi avons donné ces présentes soulz nostre sceau
« commun et signet manuel de nostre secrétaire, ce tren-
« tiesme jour du moys d'apvril l'an mil cinq cens septante
« un. Par mes dits Seigneurs Sindiques et Conseil. »

« GALLATIN »

[1] *Un jubilé de famille.* — Imprimerie Jules-Guillaume Fick, Genève, 1871.

en pleine forêt d'Orléans, à une dizaine de kilo-
mètres du chef-lieu, en 1522, c'est-à-dire deux
ans après que Luther eût brûlé la bulle pontifi-
cale sur la place de Wittemberg et lorsque
quelques artisans de race germanique commen-
çaient à propager timidement les idées nouvelles
sur terre française. La famille, établie à Orléans
où elle se livrait au commerce des toiles, y possédait un modeste bien rural. Aujourd'hui
encore, les chaumières des bûcherons et des
laboureurs se groupent autour d'un manoir aux
murailles démantelées et noircies par le temps,
ainsi que d'une vieille église ogivale. Deux
sources, auxquelles les bonnes gens d'alentour
attribuent une efficace miraculeuse contre les
maux de toute espèce, attestent la persistance
des superstitions catholiques, tandis que les
souvenirs huguenots sont symbolisés par un
arbre vénérable, le *chêne de l'Evangile,* à
l'ombre duquel les prédicateurs itinérants
aimaient à grouper leurs fidèles dispersés pour
célébrer avec eux le service divin.

Guillaume Bordier, qui s'était senti de bonne
heure attiré par l'hérésie, n'hésita pas à quitter
sa patrie et à faire le sacrifice de sa fortune pour
vivre à l'étranger, selon les principes de la
Sainte Réformation, et aussi pour éviter la pri-

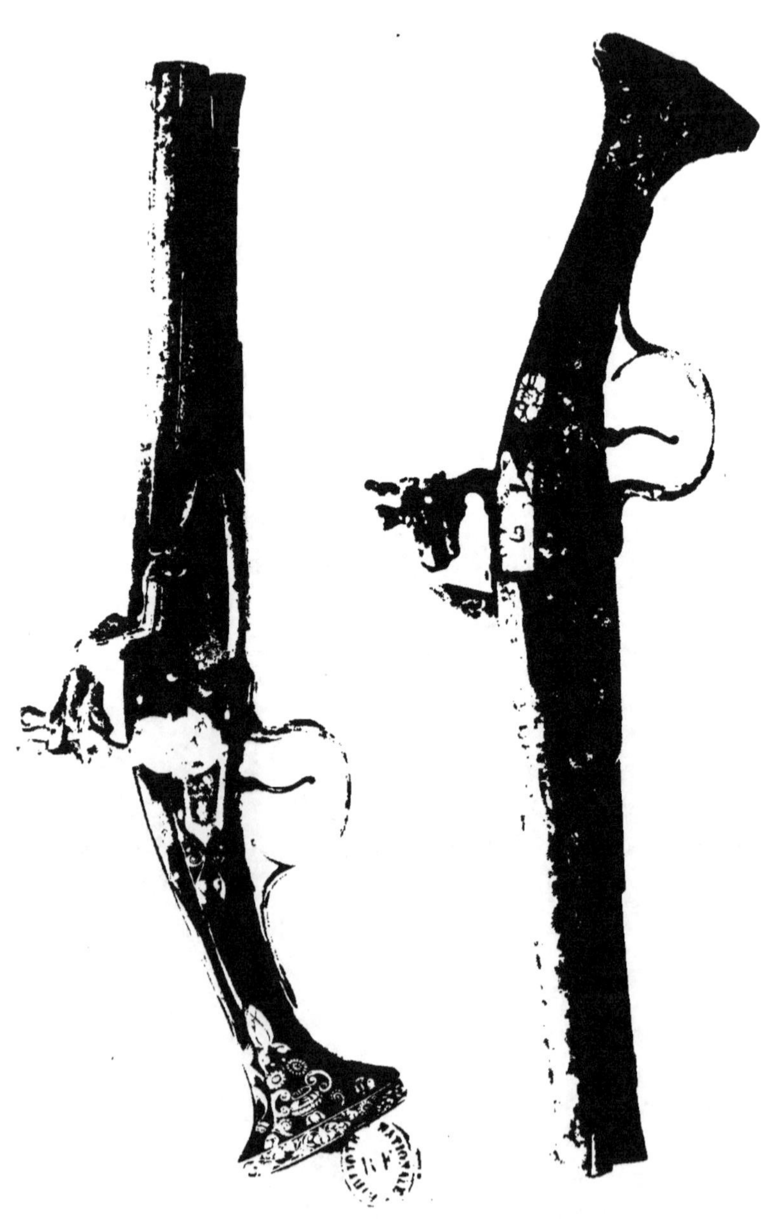

APPARTIENT A HENRI STRŒHLIN, PETIT-FILS D'HENRI BORDIER

son ou le bûcher. Nous apprenons, par une patente du 10 mars 1571, qu'il s'était fixé avec sa famille à Londres et avait, sous le nom de *Willelmus Bordyer,* obtenu le droit de bourgeoisie.

Un de ses parents se serait enrôlé, à la même époque, dans les bandes du prince de Condé et du roi de Navarre, et se serait si vaillamment comporté à la bataille d'Ivry, qu'il aurait reçu d'Henri IV un pistolet d'honneur. Quelle que puisse être la valeur de cette tradition, l'arme se trouve encore aujourd'hui en la possession d'un de ses descendants par la ligne féminine et accuse le style de l'époque avec ses élégantes incrustations en argent et les initiales L. B. gravées sur la gachette.

Guillaume Bordier ne demeura pas longtemps en Angleterre, puisque nous le trouvons inscrit, le 13 août 1554, sur le registre des habitants de Genève, où il continua à exercer sa profession de sergier et fustainier, c'est-à-dire de fabricant de toiles, de draps et de lainages. Cette industrie était très répandue dans l'Orléanais, puisque deux autres Bordier, André et Guillaume, natifs de Manchecourt, près Pithiviers, en Beauce et réfugiés également pour cause de religion, s'installèrent au village d'Onex. D'autre part, le commerce des étoffes fleurissait grandement au XVIme siècle dans notre cité, puisque les reitres savoyards, dans les projets de pillage dont ils se berçaient lors de l'Escalade, se réjouissaient, suivant la pittoresque expression d'Henri Bordier, « d'auner les belles pièces de drap et de velours à la longueur de leurs lances. »

Nicolas Bordier développa habilement le négoce paternel et parvint, grâce à son intelligente activité, à réaliser une fortune considérable. Nous possédons de lui, écrit au jour le jour, le registre succinct des principaux faits et gestes de sa vie. Sa bonne position sociale le désignait pour faire partie du Conseil des Deux-Cents, de même que ses origines françaises pour administrer la Bourse des pauvres Réfugiés. Sa fidélité calviniste lui valut enfin de siéger parmi les douze Anciens laïques dans le Conseil supérieur de l'Eglise et de distribuer, en cette qualité, la sainte Cène dans le temple de la Madeleine, le jour de Pâques. Les partisans des vieilles et joyeuses coutumes rencontrèrent en lui un inflexible adversaire, comme il ressort du long conflit suscité entre le Consistoire et le Petit Conseil à propos de la fête des Rois, trop magnifiquement célébrée par MM. Rilliet et Sarasin.

Parmi les autres membres de la famille Bordier qui se distinguèrent à la même époque, nous nous bornerons à citer Jacques, pasteur à Cartigny et mari d'Angélique Du Commun, auquel, d'après une note de J.-F. Chaponnière, il conviendrait d'attribuer la paternité de la chanson de l'Escalade en patois savoyard, le fameux *Cé qué laino*.

Le troisième fils de Nicolas, Augustin, qui avait choisi la profession d'orfèvre, l'exerça dans différentes villes de Gascogne, entre autres Montauban (1608) et Mauvoisin (1611). Son petit-fils Pierre revint à Genève et y ouvrit un atelier qui compta Petitot au nombre de ses élèves.

Le jeune joaillier, parmi les nombreux matériaux dont il disposait, dirigea de préférence son attention sur l'émail, dont il s'efforça de scruter les propriétés, afin d'en perfectionner, dans les bijoux fabriqués par lui, les nombreuses applications. Il ne s'agissait pas encore de l'employer pour le portrait. Le travail de l'artiste consistait uniquement à ciseler et à colorier sur le métal des fleurons, des rinceaux, des gentillesses, suivant une jolie expression de l'époque. Le goût et l'intelligence, dont il donna des preuves précoces et multiples, furent encouragés par Pierre Bordier, qui l'aida généreusement de son expérience et de ses conseils. Les progrès de Petitot dans ce nouveau champ de travail furent si rapides qu'il ne tarda pas à échanger le burin contre le pinceau, le dessin contre la peinture.

III

La chimie, telle qu'elle était pratiquée à Genève au commencement du XVIIme siècle, ne pouvait fournir aux chercheurs que des ressources insuffisantes. Pierre Bordier, qui en était aussi intimément convaincu que son jeune ami, ferma momentanément son atelier pour reprendre ses *Wanderjahre,* suivant la pittoresque expression de Gœthe dans Wilhelm Meister. Débutèrent-ils par l'Italie? Cela me paraît probable sans être absolument certain. Petitot devait se sentir attiré vers cette Rome, où son père avait passé les plus belles années de sa jeunesse, tandis que ses œuvres subséquentes attestent un commerce assidu avec la Renaissance.

En tout cas ils entreprirent, comme compagnons, leur tour de France, sans que nous évoquions à ce propos le spectre du socialisme humanitaire si complaisamment développé dans de trop nombreux romans par Georges Sand. La province manifestait à cette époque une remarquable activité artistique. Les deux touristes retrouvèrent encore vivantes à Limoges les glorieuses traditions enseignées par les maîtres huguenots Jean Penicaud, Léonard Limousin, Bernard Palissy, tandis qu'ils fréquentèrent, à Blois et à Chateaudun, les ateliers de Jean Toutin, joaillier du roi.

L'artiste blaisois, dont les produits se distinguaient par leur touche nette et ferme, comme par le goût et la finesse de l'exécution, avait réussi, grâce à sa patiente ingéniosité, à découvrir pour l'émail de nouveaux procédés techniques. « Quant au travail qui se fait avec les « émaux épais et opaques, » dit Félibien dans ses *Principes de l'Architecture, de la Peinture et de la Sculpture,* « c'est à ces derniers temps « et aux François qu'on a l'obligation de ces « beaux ouvrages qu'on voit aujourd'hui sur « l'or, où l'on fait des portraits aussi bien faits « qu'à l'huile et mesme des compositions d'his- « toire. Avant l'an 1630, ces sortes d'ouvrages « estaient inconnus, car ce ne fut que deux ans « après, que Jean Toutin, orfèvre de Chasteau-

« dun, qui émaillait parfaitement bien avec les
« émaux ordinaires et transparens et qui avait
« pour disciple un nommé Gribelin[1], a recherché
« le moyen d'employer des émaux qui fissent
« des couleurs mates pour faire diverses teintes
« et pour souder au feu et conserver une mesme
« égalité et un mesme lustre, en trouva le se-
« cret qu'il communiqua à d'autres ouvriers,
« qui tous contribuèrent ensuite à le perfection-
« ner de plus en plus. »

Nous ne possédons plus, malheureusement,
aucun émail qui soit sorti de l'atelier de Toutin,
mais la Bibliothèque Nationale conserve de lui
une série d'estampes gravées de 1618 à 1619 et
reproduisant des motifs d'orfèvrerie. MM. Charles Read et Francis Waddington, dans l'appen-
dice et les notes dont ils ont pourvu les *Mémoires* d'un petit-fils de Jean Toutin, Jean Rou,
font cette observation significative : « Tous les
« sujets principaux sont sur fond noir, à rin-
« ceaux et chicorées, accompagnés et rehaussés
« de dessins de petits personnages accessoires,
« dits grotesques, par exemple deux scieurs de
« long qui divisent un morceau niellé d'ivoire. »

Un fils de Jean Toutin, Henri, qui avait hé-

---

[1] Isaac GRIBELIN, peintre réputé de portraits au pastel.

rité des aptitudes paternelles, ouvrit à Blois un atelier très achalandé. Plusieurs historiens du temps citent avec forces éloges une boîte de montre émaillée fabriquée par lui pour Anne d'Autriche. Felibien lui attribue à tort « *la Mère de Darius implorant la clémence d'Alexandre,* » un émail inspiré par un tableau de Le Brun qui se trouve au Musée de Genève et a pour véritable auteur Petitot.

De France, après un séjour de quelques années, les deux compagnons passèrent en Angleterre, attirés qu'ils étaient par la réputation de munificence dont jouissait Charles Stuart. Les historiens politiques se sont montrés à bon droit sévères vis-à-vis de ce monarque et lui ont reproché à juste titre sa cruauté et sa perfidie, ses violations réitérées de la Charte, ses arrestations illégales et ses levées de taxes arbitraires, ses tentatives obstinées pour favoriser secrètement le prosélytisme de Rome et développper l'élément hiérarchique et ritualiste au sein de l'Eglise anglicane, griefs tous exposés avec une brillante dialectique et une irrésistible éloquence dans l'âpre réquisitoire de la *Revue d'Edimbourg* par lequel Macaulay débuta en 1825 dans la carrière historique. Les amateurs des lettres et des arts ne sauraient oublier qu'il se montra un cavalier accompli dans ses relations privées et posséda un remarquable pouvoir de séduction personnelle, introduisit à sa cour un luxe de bon aloi, embellit Londres et les comtés par d'élégants et somptueux édifices, protégea Ben Johnson contre les tracasseries puritaines, appela du continent, avec le titre de peintres royaux, Rubens et Van Dyck.

Les deux jeunes arrivants, qui étaient dépourvus de toute recommandation, ne songèrent pas un seul instant à s'adresser directement à lui, mais présentèrent quelques-unes de leurs œuvres, bagues, broches et autres bijoux émaillés avec autant de correction que de finesse, à un marchand de la Cité fréquemment honoré des commandes souveraines. Charles I, après que ces divers objets eurent été soumis à son examen, en fut si charmé qu'il désira faire la connaissance personnelle de leurs auteurs et les chargea d'exécuter son portrait ainsi que ceux de plusieurs autres membres de sa famille. Un atelier, dans lequel il se rendait fréquemment à ses heures de loisir, fut installé par ses soins dans les combles du palais de Whitehall, construit en 1619 par Inigo Jones et sur la façade principale duquel, le 30 janvier 1649, devait s'élever son propre échafaud. Le grade de chevalier, conféré à Petitot, témoigne plus nettement encore de la haute estime dans laquelle Charles I tenait son travail, mais le plus utile service qu'il lui rendit, fut de le mettre en rapport intime avec son peintre et son médecin, Van Dyck et Turquet de Mayerne.

Parmi les Huguenots, qui se distinguèrent dans la première moitié du XVIIme siècle, il en est peu d'aussi sympathiques que Turquet de Mayenne.

Sa famille, d'origine italienne, s'était transportée de Quieri ou Chieri près de Pignerol à Lyon. Ceux qui ont lu le beau livre de M. William de la Rive sur le Comte de Cavour, se souviennent que, de même que la Lorraine désignait, sous le nom de *Chevaux,* les membres de sa plus haute noblesse, la bourgade piémontaise se glorifiait de ses *Bœufs :* les Balbi, les Balbiani, les Bertone, les Biscaretti, les Buschetti. Deux de ces familles ont conquis depuis longtemps une célébrité européenne : les Broglie et les Bensi de Cavour. Je crois que, dans les annales de Chieri, le M figure sans désavantages à côté de la deuxième lettre de l'alphabet.

Le père de Théodore, Louis Turquet de

Mayerne, littérateur et historien, occupe une place honorable dans la lignée des publicistes réformés du XVIᵉ siècle : les La Noue, les Hotman, les Estienne, les Duplessis-Mornay, les Agrippa d'Aubigné. Le pillage de sa maison, pendant une émeute provoquée par la Saint-Barthélemy, l'oblige à transférer ses pénates à Genève dont il fut reçu habitant le 26 mars 1573. Revenu plus tard à Lyon, il y fut nommé ancien d'Eglise et délégué aux Synodes de Gargeau et de Saumur. La mort le surprit au cours de ses pérégrinations à Paris où il fut enseveli, le 12 avril 1618, au cimetière des Saints-Pères. Nous nous contenterons de mentionner, parmi ses très nombreux opuscules : *Advis sur le Synode National que le Roy vouldrait convoquer, 1608* — *la Monarchie aristodémocratique ou le gouvernement composé et mêlé des trois formes de la même république, 1611*. Tous deux furent mal accueillis, soit par la cour, soit par l'épiscopat, l'un à cause du rapprochement tenté entre les catholiques et les protestants, l'autre à cause de ses véhémentes attaques contre Catherine de Médicis. Pierre de l'Estoile les qualifie cependant de « bons, judicieux, saincts, chrestiens, procédant d'un cœur franc et ami de la vérité. »

Du mariage de Louis de Mayerne avec Louise Le Maçon, fille d'un trésorier des guerres sous François Ier et Henri II, naquit à Genève, le 28 septembre 1573, Théodore, baron d'Aubonne, un des plus célèbres médecins du XVIIme siècle. Théodore de Bèze le tint sur les fonts baptismaux. Après avoir achevé à Heidelberg les humanités commencées à Genève, l'adolescent se rendit, pour ses études médicales, à la Faculté de Montpellier qui lui conféra le doctorat en 1597. Le duc de Rohan le choisit pour compagnon pendant ses voyages à travers l'Allemagne et l'Italie. Revenu à Paris, il ouvrit un cours de médecine et de chirurgie et ne craignit pas de recourir, pour la guérison de ses malades, à des prépérations chimiques. La Faculté, troublée dans sa routine, put lui interdire le professorat, mais ne réussit pas à diminuer sa clientèle. Henri IV l'aurait même choisi pour son médecin à la mort de Du Laurens, s'il avait consenti à suivre une courte instruction religieuse auprès du cardinal de Perron et à se prêter pour la forme à une abjuration du Calvinisme.

Turquet de Mayerne n'hésita pas, pour se soustraire aux obsessions royales, à traverser la Manche, reçut l'accueil le plus flatteur de

Jacques Ier Stuart, qui le nomma son premier
médecin et conserva les mêmes fonctions auprès
de Charles Ier. Les Universités d'Oxford et de
Cambridge l'associèrent à leurs travaux scientifiques. Les sentiments royalistes de Mayerne
l'engagèrent, malgré les sollicitations de quelques presbytériens influents, à prendre sa retraite après l'exécution de l'infortuné monarque. Il mourut, octogénaire, à Chelsea, le 15
mars 1655. De ses sept enfants, un seul lui sur-
vécut, sa fille Elisabeth, issue de son deuxième
mariage avec Elisabeth Joachim et qui épousa
elle-même, en 1652, au temple de Charenton
Pierre de Caumont, marquis de Cugnac. Sa
patrie genevoise lui demeura toujours chère,
quoiqu'il n'y fût pas revenu depuis ses années
d'études, témoin le legs de 200 livres sterling
en faveur de l'hôpital inscrit sur son testament.

La Bibliothèque possède, à la salle Lullin,
un portrait de Turquet de Mayerne donné, le
18 juin 1711, à la République, par Isaac de
Cambiague, longtemps attribué à Rubens et
digne à coup sûr du grand maître des Flandres
par la vigueur de l'expression et l'éclat du coloris. Le célèbre médecin est représenté, dans sa
verte vieillesse, avec son teint rubicond, son

majestueux embonpoint, sa longue barbe blanche tombant à flots pressés sur sa poitrine. Son costume attire le regard par sa magnificence : robe de velours brun tramée d'or, qu'il portait dans les grandes cérémonies, calotte de velours noir posée sur sa tête chenue, collier de l'ordre de la Jarretière.

Il ne nous appartient point d'apprécier, même brièvement, l'œuvre scientifique et médicale accomplie par Turquet de Mayerne. La chimie, qu'il tenait pour un délassement dans son existence si pleine et si remplie, lui est redevable de précieuses découvertes, celle entre autres de la couleur pourpre, si nécessaire à la peinture sur émail et qui permet de donner à la carnation une délicatesse inconnue aux vieux maîtres de Venise et de Limoges. Son ingéniosité s'exerça également sur une meilleure préparation des plaques destinées à recevoir la pâte.

Petitot, s'il voulait se perfectionner dans la peinture proprement dite, n'avait qu'à se tourner vers Van Dyck, le maître accompli de tous les raffinements mondains et de toutes les aristocratiques élégances, le profond psychologue, dont le regard perspicace scrutait l'âme complexe de ses modèles jusque dans ses plus inti-

mes replis. Prenez, parmi ses multiples chefs-
d'œuvres, deux portraits de Charles Ier, celui
qui se trouve au Louvre et un autre, moins
connu mais plus attrayant encore, qui décore la
salle à manger du château de Warwick. Vous
admirerez en tous deux la pureté des lignes, la
séduction du coloris, la superbe aisance du pinceau.

Grâce à un aussi heureux concours de circonstances, le talent du jeune artiste genevois
prit un rapide essor. Le premier travail, dont il
fut chargé par Charles Ier, fut un Saint-Georges
destiné à l'ornementation d'une plaque pour
l'ordre de la Jarretière. Parmi les nombreux
portraits qui lui furent demandés par des membres de la noblesse anglaise, nous mentionnerons celui, exécuté en 1642, de la comtesse de
Southampton, née Rachel de Ruvigny, appartenant à une grande famille huguenote, filleule
du surintendant Sully et demi-sœur du lieutenant général des Eglises réformées. Horace
Walpole et Georges Virtue, dans les *Anecdotes
sur la Peinture,* l'appellent l'ouvrage sur émail
le plus capital qui existe au monde. Il se distingue en effet autant par l'impeccable précision
et l'exquise harmonie des détails que par la
grandeur inusitée des dimensions, puisqu'il me-

sure 9 ³/₄ pouces anglais sur 3 ³/₄ de large. Les amateurs de belle peinture peuvent l'admirer aujourd'hui au château de Chatsworth, dans la galerie du duc de Devonshire [1].

La mort tragique de Charles Ier mit une brusque fin à la carrière artistique si brillamment fournie en Angleterre par Petitot. Il ne voulut pas rester plus longtemps dans un pays où se jouaient, par ordre du pouvoir exécutif, des drames aussi lugubres, mais préféra ac-

---

[1] Le portrait original de Van Dyck appartenait d'après Horace Walpole, à lord Hardwicke. Dans la galerie de Chatsworth se trouvent également le favori de Charles Ier, le duc de Buckingham, signé Petitot et peint d'après un portrait de Honthorst, en 1640, c'est-à-dire après l'assassinat de sa Seigneurie à Portsmouth par John Felton (23 août 1628), et un inconnu d'âge mûr, en costume guerrier, exécuté sur une boîte d'écaille. La duchesse de Portland possédait plusieurs émaux de Petitot: le duc de Buckingham identique à celui de Chatsworth, Charles Ier, Henriette de France, lady Morton, gouvernante des enfants royaux. Horace Walpole lui-même avait réuni dans sa résidence de Strawberry Hill un Charles I revêtu de son armure, différent de ceux exécutés d'après Van Dyck, Jacques II peint pendant son premier exil en France, lorsqu'il n'était encore que duc d'York, Henriette d'Angleterre, duchesse d'Orléans, d'une finesse et d'une élégance de touche dignes de l'original, Anne d'Autriche, Mme de Montespan, la comtesse d'Olonne représentée sous les traits de Diane chasseresse, ce dernier émail acheté à la vente Mariette.

compagner, sur la terre de l'exil, les enfants de son royal protecteur [1].

Pierre Bordier, qui n'éprouvait pas à l'endroit des régicides les mêmes scrupules, demeura à Londres. Sa conduite ne saurait nous surprendre. La Révolution de 1642, organisée par les Puritains d'Angleterre et d'Ecosse, découla, en effet, en droite ligne, des principes démocratiques posés par le Calvinisme. La main ferme de Cromwell la préserva, lorsqu'elle eut triomphé, des périls dont la menaçaient les Millénaires et autres démagogues. Les fondements des libertés politiques furent assurés par le Lord Protecteur contre tout retour de l'arbitraire, avant d'être définitivement consolidés par Guillaume III, en 1688. Son habile politique étrangère reprit les traditions nationales d'Elisabeth par le développement grandiose imprimé

---

[1] « Destitué de moyens, tu as, o Dieu, pourvu à ma con-
« dition et à mon avancement en mon art, tu m'as donné
« de l'industrie au dessus de plusieurs de mes semblables
« et m'as approché des Roys et des grands par le moyen de
« mon travail. J'en ay servi trois et l'un d'eux, Charles Ier, roy
« de la Grande Bretagne, m'a quelques années honoré et
« gratiffié d'une pension, duquel les horribles divisions et
« guerres sanglantes de son Royaume mirent cruellement
« fin à sa vie et par conséquent à toutes les espérances que
« j'avais fondées sur la bienveillance de ce prince. »

4

à la marine, la protection efficace accordée dans toute l'Europe aux persécutés pour la cause de l'Evangile, en première ligne aux Vaudois du Piémont, la lutte persévérante et victorieuse poursuivie contre la domination du Saint-Siège et la suprématie de la maison d'Autriche. Les lettres, elles aussi, furent honorées, puisque les fonctions de secrétaire de la correspondance latine, c'est-à-dire de ministre des affaires étrangères, furent dévolues à Milton, l'immortel auteur du Paradis Perdu.

Pierre Bordier se chargea de mener à bien deux œuvres, à l'exécution desquelles se serait refusé Petitot, et représentant, l'une une séance du Parlement, d'après le tableau de Simon, l'autre la victoire remportée à Naseby, le 14 juin 1645, sur Charles Ier, par lord Fairfax. Nous recourrons encore, pour leur appréciation au témoignage d'Horace Walpole. « Chacune de « ces peintures, dit-il, est large d'un pouce et « demi et on ne saurait imaginer rien de plus « parfait que ces petites figures si ressemblantes « et si reconnaissables. Sur l'émail consacré à la « bataille, les troupes se voient dans le lointain, « tandis qu'au premier plan apparaît lord « Fairfax lui-même monté sur un cheval noisette « (chestnut). L'homme et le cheval sont copiés

« d'après Van Dyck, mais avec une indépen-
« dance et une richesse de tons, qui peut-être
« surpassent l'œuvre du grand maître. » Le
travail, chose rare, portait la signature de son
auteur. Au-dessous du cheval se lisait, en effet,
l'inscription « P. B. fecit[1]. » Nous ne connaissons pas d'autre œuvre authentique, pour
laquelle se soit confié à ses seules forces le
premier en date des collaborateurs de Petitot.

[1] Le tableau avait passé des héritiers de Fairfax au musée
de Thoresby et de celui-ci à Horace Walpole.

Collection du Musée Rath. Genève.

IV

Au nombre des compatriotes, que rencontra Petitot lors de son établissement à Paris, figure en première ligne Jacques Bordier, né à Genève le 23 août 1616, arrière petit-fils de Guillaume, petit-fils de Nicolas, fils d'Isaac, maître orfèvre et membre du Conseil des Deux Cents, cousin de Pierre et ayant embrassé comme lui la profession d'émailleur. Le généreux accueil, dont Charles Ier honorait les artistes, l'avait engagé à passer la Manche, mais son séjour à Londres ne fut que de brève durée.

Un voyage d'études et de négoce en Italie, projeté de compagnie avec un de ses parents, Joseph Bordier, ne put être poussé plus loin que la frontière lombarde. Quelques propos imprudents tenus dans une auberge, joints à un maladroit étalage de leurs marchandises, four-

nirent, à des rivaux avides et peu scrupuleux, le
prétexte cherché pour les dénoncer à des familiers du Saint-Office. Le catholicisme tra-
versait, après une phase de scepticisme intel-
lectuel et de relâchement moral, une période
d'austérité et de ferveur religieuses, dite de la
Contre-Réformation, caractérisée par la reconnaissance de la Compagnie de Jésus et la pro-
mulgation des décrets du Concile de Trente.
La joyeuse Milan avait accepté sans murmure
la sévère discipline que lui avait imposée son
saint archevêque, le cardinal Borromée. Son
gouverneur, le comte de Fuentès, avait, au
début de la guerre de Trente Ans, avec ses
vieilles bandes espagnoles, ravagé les Grisons
et présidé au massacre des Evangéliques dans
la Valteline. La situation des deux jeunes
étrangers paraissait donc des plus critiques.
Ils purent cependant être tirés des cachots in-
quisitoriaux, grâce aux actives démarches entreprises par le chargé d'affaires de la Grande
Bretagne sur les instantes sollicitations de
Turquet de Mayerne. M. William Carpenter a
publié, dans son ouvrage sur Rubens et Van
Dyck, une lettre écrite, le 12 août 1640, par
l'illustre médecin à son noble et respectable
ami, M. Reade d'Oaklands.

« Monsieur, jai receu vostre lettre dont je
« vous remercye. Ce sera une grande œuvre de
« charité de tirer hors de peine deux enfants de
« Genève, mes compatriotes, qui ont été arrestés
« à Milan et sont prisonniers dans l'Inquisition.
« Le nom de l'un est Jacques Bordier que le
« roy cognoist fort bien, ayant travaillé en
« esmail pour sa Majesté. L'autre est son cou-
« sin, dont je ne sais pas le nom de baptisme.
« Ils sont allés en Italie pour traficquer et se
« rendre plus capables en leur profession d'or-
« févrerie et sans doubte ont porté quelque
« marchandise avec eux, que je croy estre la
« principale cause de leur malheur. Nous im-
« plorons la bonté de Sa Majesté Catholique
« pour leur délivrance, que nous aimons mieux
« obtenir par terme d'honneur et de faveur que
« par des voyes plus rudes, comme de repré-
« sailles, qui nous sont aisées en notre ville, en
« ce temps icy auquel le roy d'Espagne a
« plusieurs de ses sujets de la Franche-Comté
« réfugiés avec leurs biens pour se garantir de
« l'invasion des François. »

Les deux imprudents Genevois, aussitôt sortis
de leur geôle, se hâtèrent de traverser de
nouveau les Alpes pour regagner leur patrie.

Les sympathies de Louis XIV étaient ac-

quises d'avance au fidèle ami des Stuart. Il
plaisait d'ailleurs au Roi-Soleil de s'entourer
d'étoiles, non seulement militaires et adminis-
tratives, mais littéraires et artistiques, qui pussent rehausser, dans toutes les directions, l'éclat
de son firmament. Il apportait dans leur recrutement, tout au moins dans la première partie
de son règne, une sûreté et un tact incontestables. Petitot et Bordier, qui lui furent présentés par Charles II, reçurent immédiatement
le titre de peintres de sa Majesté, touchèrent
une forte pension sur sa cassette particulière et
furent logés par ses soins dans les galeries su-
périeures du palais, où avaient résidé jusqu'à
lui les souverains de la France. La partie du
Louvre répondant à la moitié Nord de la
grande colonnade et à la moitié de la façade
qui se trouve actuellement en retrait sur la rue
de Rivoli, fut, en effet, occupée jusqu'à la
Restauration par les ateliers et les logements
des peintres honorés de la faveur royale.

A cette époque également commença, entre
les deux amis, cette intime et féconde collaboration qui dura 35 années et ne put être inter-
rompue que par la mort de Jacques Bordier.
Petitot écrit, en effet, avec émotion dans son
journal : « De plus, comme une chose non

« attendue en mon âge, tu m'as encore extraor-
« dinairement favorisé, o mon Dieu, en me
« continuant les moyens d'exercer mon art avec
« quelque facilité, en la compagnie de la per-
« sonne, liée avec moi d'amitié et d'association,
« dès environ un demi-siècle, sans avoir aucune
« mésintelligence ni division entre nous. »

Cette affirmation, partie du cœur, ne laisse pas de nous surprendre en notre XXme siècle, où les romanciers nous initient, avec une in-discrétion de mauvais goût et un luxe fatigant de détails, à leurs querelles intestines, où les dramaturges recourent constamment aux tri-bunaux pour régler leurs difficultés financières, où toute collaboration finit par un procès, où les accords des artistes, pour se conformer aux principes de l'harmonie moderne, comportent de vigoureuses dissonances. Vraiment, nous ne sommes pas séparés par deux siècles de Jacques Bordier et de Jean Petitot. Par leur esprit, leurs mœurs, leur caractère, nos deux vénérés compatriotes appartiennent à l'âge d'or.

Le travail se répartissait, entre les deux as-sociés, suivant une méthode aussi constante que judicieuse. D'après une tradition déjà an-cienne et que nous avons tout lieu de croire exacte, Petitot, comme le plus habile en son art et le plus versé dans l'anatomie, peignait les visages, les mains et tout ce qui concernait les chairs, tandis qu'il laissait à Bordier le soin de reproduire les cheveux, les vêtements, les bijoux, bref tout ce qui constituait l'accessoire de l'œuvre. Cette ingénieuse division des préparatifs ne nuisit aucunement à l'harmonieuse homogénéité du résultat. Les amateurs, qui n'auraient pas été renseignés à cet égard, n'auraient jamais soupçonné, dans des créations aussi parfaites, la dualité des pinceaux.

La réputation des maîtres genevois, de bonne heure soustraite aux caprices et aux fluctuations de la mode, ne tarda pas à se répandre et à se consolider dans des cercles toujours plus vastes et plus nombreux. Leur activité, aussi probe que soutenue, leur valut les suffrages des juges les plus compétents.

Richelet, dans les « *Remarques préliminaires de son Dictionnaire Français,* publié en 1680, s'exprime sur eux en ces termes : « Mon- « sieur Bordier et Monsieur Petitot sont les « plus fameux peintres en émail de Paris et les « premiers qui ont fait des portraits en émail. « On ne faisait avant eux que des fleurs et au- « tres petites gentillesses. La peinture en émail « est un art qui imite, avec des couleurs d'émail,

« ce qu'il y a de plus beau dans un sujet. Elle
« se fait sur des plaques d'or ou de cuivre
« émaillées de blanc par les orfèvres metteurs
« en œuvre, et on peint sur ces plaques avec des
« pinceaux et avec toutes les couleurs d'émail qui
« peuvent agréablement imiter la nature. Les
« couleurs des peintres en émail sont le noir d'é-
« caille, l'azur, le gris de lin, le rouge, le pour-
« pre d'or, le pourpre de vitrier, etc. Mais il est
« besoin de donner aux émaux qu'on emploie
« le feu propre, afin de les parfondre sur la
« plaque et de leur faire prendre le poliment
« qu'ils doivent avoir, et pour cela l'ouvrage
« doit aller sept ou huit fois au feu. La pein-
« ture d'émail n'est point sujette à changer et
« le temps, qui fait de si grands changements
« en la plupart des choses, ne peut rien sur elle,
« parce que c'est une espèce de vitrification.
« Les honnêtes gens qui en voudront savoir da-
« vantage n'ont qu'à consulter Monsieur Bor-
« dier et Monsieur Petitot, célèbres dans la pein-
« ture en émail. Ce sont ces Messieurs qui
« m'en ont instruit avec la plus grande honnê-
« teté du monde. »

Les plus célèbres personnages et les plus
grandes dames du temps s'empressèrent, d'après
le gracieux exemple que leur avait donné le

monarque, de recourir aux bons offices de Petitot. L'artiste se servait, pour les prémisses de
son travail, tantôt de légers croquis tracés de
sa propre main, tantôt et plus fréquemment
d'œuvres signées par les plus grands maîtres
du XVIIme siècle : Lebrun, Mignard, Rigaud,
Nanteuil, Philippe de Champagne, Largillière.

Parmi les plus beaux et les plus connus entre les innombrables portraits dont nous lui
sommes redevables, nous nous contenterons de
mentionner ceux de la plupart des membres de
la famille royale : Louis XIV, sa mère et son
épouse, Anne et Marie-Thérèse d'Autriche, son
fils le grand Dauphin, et la femme de celui-ci née
Marie-Josèphe de Bavière, ses petits-fils les ducs
d'Anjou (plus tard Philippe V, roi d'Espagne) et
de Berry, de son frère Philippe, duc d'Orléans,
de sa belle-sœur, Henriette d'Angleterre et de
son neveu, le futur Régent, de son oncle, Gaston
d'Orléans et de sa cousine, la duchesse de Montpensier, la Grande Mademoiselle ; de Charles Ier
et de Henriette de France ; de Charles II et de
la duchesse de Portsmouth ; de Jacques II et de
sa sœur, Marie Stuart, princesse d'Orange et
mère de Guillaume III ; de Christine, reine de
Suède ; de Marguerite, duchesse de Lorraine
et de son frère Charles-Joseph, duc de Guise ;

Comtesse de Grignan

Louis XIV

Collection de l'auteur.

des cardinaux Richelieu et Mazarin, d'Hugues
de Lionne et de Colbert, de Louvois et de son
fils et successeur, le marquis de Barbezieux, de
Turenne et de Catinat, de Villars et de Tourville,
du duc de Vendôme et du maréchal de Luxembourg ; du grand Condé et de son épouse, Claire
Clémence de Maillé-Brézé, nièce de Richelieu,
de la duchesse d'Aiguillon, autre nièce du grand
cardinal ; du prince de Conti et du duc de la
Meilleraye, ainsi que de leurs épouses Marie-
Anne Martinozzi et Hortense Mancini, toutes
deux nièces de Mazarin ; du duc de La Rochefoucauld et de plusieurs des héroïnes de la Fronde :
la princesse Palatine, Anne de Gonzague, les
duchesses de Longueville et de Montbazon ; de
Mmes de la Vallière, de Montespan, de Fontanges et de Mme de Maintenon, soit lorsquelle
s'appelait encore Mme Scarron, soit comme
discrète et prude marquise, de Mmes de Sévigné, de Grignan, Deshoulières ; de Cromwell,
de Milton et de beaucoup d'autres encore.

Louis XIV a été représenté à diverses reprises par Petitot, jamais dans son égoïste et mo-
rose vieillesse, quelquefois dans son âge mûr,
souvent dans sa radieuse jeunesse, lorsque ses
contemporains le saluaient par l'épithète caractéristique de roi-soleil, avec le front haut, l'al-

lure superbe, le regard dominateur, la bouche altière, tantôt revêtu d'un justaucorps de velours rouge tramé d'or et d'une draperie bleue négligemment jetée sur ses épaules, tantôt avec une cravate de soie cerise, un rabat de dentelles et le grand cordon azur de l'ordre du Saint-Esprit s'étalant sur sa cuirasse. Notre imagination le revoit volontiers, soit au cours de ses faciles campagnes militaires, lorsqu'il se transportait en grande pompe dans les Flandres pour prendre fièrement possession d'une des forteresses réduites par Vauban ou passer en carosse une de ces revues d'apparat complaisamment évoquées par le facile pinceau de Van Meulen, tantôt en temps de paix, au milieu de sa Cour lorsqu'il octroyait, dans la grande galerie de Versailles, une dédaigneuse audience au doge de Gênes ou aux ambassadeurs de Siam, condescendait à figurer à côté de Madame de Grignan dans un de ces élégants ballets qui réjouissaient si fort le cœur maternel de Madame de Sévigné ou qu'il se promenait amoureusement pendant les fêtes splendides données par Fouquet, avec Mademoiselle de la Vallière dans les majestueuses allées du parc de Vaux le Vicomte.

Anne d'Autriche, dans tous ses portraits, nous apparaît la même avec sa robe de satin noir, sa guimpe et sa collerette de linon blanc, son collier et sa broche de perles fines, sa mante de dentelles espagnoles retenue au sommet de la tête par une aigrette en diamants.

L'admiration des connaisseurs fut promptement assurée à ces morceaux d'une exquise délicatesse. Il nous est agréable de reproduire à leur sujet le témoignage de Mariette, un des collectionneurs les plus éclairés de l'ancien régime.

« Le plus beau morceau en émail qui fût
« jamais » dit-il, « est le portrait du cardinal
« Mazarin par Petitot, qui appartient à M.
« l'abbé de Breteuil. Il a été certainement fait
« pour capter la bienveillance de ce ministre, à
« qui, plus il avait de crédit, plus le peintre
« paraît avoir pris soin de lui plaire. Il vient
« d'après un très beau tableau de Philippe de
« Champagne, mais je suis assuré que, si l'on
« comparait aujourd'hui la copie, l'ouvrage du
« peintre en émail effacerait celui du peintre à
« l'huile, tant il est finement touché et tant
« aussi les couleurs en sont brillantes. »

« Je n'entreprendrai pas de faire passer en
« revue tous les chefs d'œuvre de Petitot, ajoute
« la même critique, mais il en est un que je me
« reprocherais de passer sous silence. Il s'agit
« du portrait d'Hugues de Lionne, ministre et

« secrétaire d'Etat, qui, dans un très petit es-
« pace, car c'est un rond qui n'a pas plus de
« huit lignes de diamètre, est d'une telle pré-
« cision, qu'aucun de ces traits vifs et spirituels,
« qui caractérisent la physionomie de ce grand
« homme d'Etat, n'a été oublié. Ils sont si par-
« faitement saisis qu'il eût été difficile au
« peintre le plus habile de les exprimer avec
« autant de force dans un tableau de grandeur
« naturelle. J'ai eu l'occasion de voir et d'exa-
« miner l'original de Champagne, qui a servi de
« modèle à Petitot et qui est excellent dans ce
« qu'il est ; il n'a pas été capable de me faire
« changer d'opinion. »

Il nous sera permis de rappeler encore, dans
cette brève revue, l'émail consacré à Mlle de
la Vallière, parce qu'elle y est représentée
sur l'une des faces en duchesse adorée, sur
l'autre en Madeleine pénitente. Nous ne connaissons pas un autre exemple d'une semblable
dualité dans l'œuvre entière de Petitot.

Il est impossible de donner une idée, même
approximative, de ces œuvres charmantes à
ceux qui n'ont jamais eu l'occasion d'en contempler une seule. Les profanes comme les
initiés s'accordent pour goûter en elles la noblesse de la conception, la pureté des lignes, la

Madame de Longueville

Monsieur, frère du Roi

Collection du Louvre.

vigueur de la touche, l'éclat harmonieux du coloris. Les historiens et les psychologues se plaisent dans l'examen de ces figures si intelligemment scrutées et qui paraissent avoir livré leurs plus intimes secrets à l'artiste en récompense de ses sagaces et patientes études.

Nous ne faisons que nous acquitter d'une dette de reconnaissance en reproduisant l'appréciation consacrée au vieux maître par J.-J. Rigaud dans ses *Renseignements sur les Beaux-Arts à Genève,* un livre judicieux et substantiel, quoique tombé dans un injuste oubli auprès de la jeune génération.

« L'art de l'émail » dit-il, « si retardé en-
« core sous François Ier, lorsque la fabrique de
« Limoges répandait ses produits dans toute
« l'Europe, n'a pris le rang qu'il occupe dans
« les beaux-arts qu'en l'année 1632, époque à
« laquelle un orfèvre et peintre de Châteaudun,
« nommé Jean Toutin, commença à remplacer
« les émaux clairs et transparents par des
« couleurs imitant la peinture à l'huile, ce qui
« permit de créer ce nouveau genre de peinture
« en émail ou sur émail, que Petitot devait
« porter au plus haut point de perfection. Mais,
« si Petitot ne fut point, à proprement parler,
« l'inventeur de ce genre, il perfectionna tel-

« lement l'emploi des couleurs et porta l'exé-
« cution de ses ouvrages à un tel degré de
« mérite, que la première place lui fut assignée
« par les contemporains et que la postérité la
« lui a maintenue. Aussi ses ouvrages ont-ils
« acquis une valeur très considérable. Il est
« certain que, lorsqu'on voit un ouvrage de
« Petitot, on admire à la fois la délicatesse du
« pinceau, la parfaite imitation de la nature
« dans toutes les carnations, la vigueur et le
« fini du travail. Ses émaux supportent l'exa-
« men aux plus fortes loupes, sans que l'effet
« général y perde rien : aussi sont-ils regardés
« comme des ouvrages inimitables. »

Il est intéressant de connaître l'opinion
d'Abraham Constantin sur les procédés techniques de son illustre prédécesseur. L'émail sur
lequel peignait Petitot » dit-il « était de l'émail
« dur. Cet émail étant d'une fusion lente et les
« couleurs, avec lesquelles il peignait, étant
« plus tendres, elles entraient en fusion avant
« l'émail du fond ; les couleurs se gripaient
« alors sur l'émail, mais ne s'y internaient pas,
« ce qui fait, qu'en inclinant ces peintures
« contre le jour, on voit tout le travail du
« pinceau. Par là il obtenait ces détails si finis
« et si délicats que l'on admire dans ses ou-

« vrages, ce travail restant exactement tel que
« l'artiste l'avait fait. Il est probable toutefois
« que ce procédé ne s'appliquait pas aux deux
« premiers feux. Depuis Petitot, on s'est servi
« en général d'un émail plus tendre, nommé
« pâte. Il entre en fusion en même temps que
« les couleurs qui s'y internent, le travail du
« pinceau disparait, il en résulte un empâte-
« ment qui imite mieux la peinture à l'huile.
« L'ancien pointillé s'est ainsi effacé, et le ca-
« ractère de la peinture en émail a entièrement
« changé. On remarque déjà ce changement
« dans les peintures de La Chana, mais ce sont
« les ouvrages de Thouron, qui offrent les
« chefs-d'œuvre de ce nouveau genre. On peut
« dire que, si les chairs ont gagné à cette nou-
« velle méthode, la peinture a peut-être perdu
« sous le rapport de la délicatesse de certains
« détails. »

L'activité déployée par Petitot dans l'exercice
de sa profession est d'autant plus remarquable,
qu'il se montra toujours très sévère vis-à-vis de
lui-même et ne cessa d'apporter à son labeur
quotidien une consciencieuse sollicitude. Le
nombre de ses œuvres doit être très considérable, à en juger d'après des indications éparses
dans des récits de voyages et des comptes

rendus de ventes artistiques, mais il n'en a
jamais été dressé un catalogue exact et complet,
tout au moins à notre connaissance. La Grande-
Bretagne nous paraît être le pays qui tient le
record dans ce domaine, pour la quantité
comme aussi pour la qualité des productions.
M. Henri Bordier, qui maniait le crayon aussi
élégamment que la plume, profita de nombreux
séjours de l'autre côté de la Manche pour
visiter différentes collections particulières et en
décrire les chefs-d'œuvre, totalement ignorés
du grand public. Nous empruntons quelques
détails curieux à un de ses carnets manuscrits.

« Il existe au château de Windsor » dit
M. Bordier, « une vingtaine d'émaux de
« Petitot, qui sont les plus précieux pour l'étude
« à cause de leur authenticité, mais que j'ai eu
« le temps d'apercevoir seulement et non de
« prendre en note. La reine Victoria, m'a-t-on
« dit, a pour les miniatures et les émaux un
« goût particulier et s'en occupe elle-même.
« En effet, dans un boudoir qui précède sa
« chambre à coucher, le tour des murs est en-
« tièrement garni d'une série de cadres, dont
« chacun renferme un grand nombre de ces
« petites peintures, formant une suite chrono-
« logique d'hommes et de femmes célèbres,

« principalement de princes et de princesses
« de l'Europe pendant les quatre derniers
« siècles de notre ère. Il m'a semblé n'y voir
« qu'une demi-douzaine de Petitot. En second
« lieu, dans la chambre même où couche la
« reine, lorsqu'elle habite Windsor, petite
« chambre au milieu de laquelle est le lit, qui
« en occupe la plus grande part, le tour des
« murs est de la même façon tapissé d'une
« suite de cadres, garnis de même de petits
« portraits, mais ceux-ci du plus haut prix.
« C'est là que j'ai entrevu quinze ou vingt
« Petitot, mais sans avoir la permission de
« prendre aucune note ni le temps de m'in-
« culquer de souvenir précis, si ce n'est de
« deux portraits : l'un d'une charmante femme
« blonde, se détachant sur un fond grisâtre,
« lady Middleton, une des beautés célébrées
« dans les *Mémoires* de Grammont et dont un
« autre exemplaire se trouve parmi ceux que
« possède lord Taunton, l'autre, un grand
« émail, fort semblable pour la dimension et la
« pose à celui de M. Holford et qui représente
« une femme tournée de trois quarts vers la
« gauche, aux cheveux châtains, à la jolie phy-
« sionomie brune, à la robe vert-clair rayée de
« rouge, probablement Mme de Sévigné. En

« 1865, au mois de mai, j'ai obtenu la per-
« mission d'étudier et de dessiner les émaux
« du château de Windsor, et même obtenu com-
« munication du catalogue de ces émaux, ré-
« digé en 1845 par M. Fraser Tytler et corrigé
« de la main du prince Albert. »

Parmi les portraits qui excitèrent le plus
vivement l'admiration de M. Bordier, se trouvaient ceux de Mme de Montespan, le plus beau
de toute la collection, de la princesse de Condé,
exquis de charme et de grâce, d'Hugues de
Lionne, un délicieux petit morceau, à la finesse duquel le crayon ne saurait atteindre,
d'Henriette-Marie Stuart, duchesse d'Orléans,
d'Eléonore de Gonzague, épouse de l'empereur
Ferdinand III, d'Eléonore-Marie-Josèphe de
Habsbourg, reine de Pologne, du duc de la
Meilleraye, de la duchesse du Lude, de Mmes de
Sévigné et de Grignan, de Mme de La Vallière
et de sa fille Mlle de Blois, d'Anne-Marie Martinozzi, princesse de Conti et nièce de Mazarin.

Parmi les autres possesseurs anglais d'émaux
de Petitot, nous citerons les ducs de Cambridge
et d'Hamilton, le comte Spencer, les barons
Nathaniel et Ferdinand de Rothschild, les lords
Caledon, Chesham, Cremorne, Fitzharding,
Gosford, lady Burdett Coutts, MM. Addington,

Baring, Beresford Hope, Bohn, Jones, Napier, Danby Seymour.

M. Bordier fut reçu, pendant un de ses voyages en Angleterre, par le duc d'Aumale, alors exilé et qui occupait la belle résidence d'Orléans House, près de Twickenham. Des dix émaux de Petitot possédés par le duc, trois seulement avaient été achetés par lui, tandis que les sept autres lui venaient directement des Condé, ce qui, en plaçant leur authenticité au-dessus de tous les doutes, augmentait singulièrement leur valeur. Tous figurent actuellement au musée de Chantilly. Voici l'indication des plus importants : Un grand Louis XIV cuirassé et portant un rabat peu ou point brodé, magnifique de couleur, monté sur une tabatière en écaille noire et se détachant sur un fond orange clair; deux autres Louis XIV plus petits, mais très beaux; le grand Condé et la princesse sa femme, deux ravissants petits émaux affectant des dimensions identiques; le grand Dauphin tourné à droite et portant un rabat brodé avec une cravate rouge; deux inconnues, l'une aux cheveux d'un blond cendré et à la carnation très blanche, très légèrement rosée, l'autre à la carnation plus rouge, toutes deux se détachant sur un fond brun foncé, deux portraits d'un travail si délicat et si léché, surtout pour les cheveux, qu'ils semblent devoir être rangés parmi les premiers essais de l'auteur après son établissement à Paris.

Le Louvre possède de Petitot 53 émaux gravés au burin par L. Ceroni et publiés par Blaisot en 1862 dans 2 volumes in-4°. Parmi les collections particulières visitées par M. Bordier et dont quelques-unes ont été dispersées depuis lors, nous citerons celles des ducs de Mouchy, de Richelieu, de La Rochefoucauld Bisaccia, de la comtesse Dzialinska, du baron de Theis, de MM. Léopold Double, Michel, Edouard Fould. Nous avons admiré en 1903, à l'Exposition huguenote de la rue des Saints-Pères, les 16 émaux prêtés par le baron Eugène Roger du Nord. D'autres œuvres de Petitot appartinrent à la reine Sophie de Hollande et à la famille milanaise des Trivulzi.

Si élevés que soient les chiffres résultant de ces données fragmentaires, ils ne permettent pas d'évaluer dans son ensemble l'œuvre artistique accomplie par Petitot. Plusieurs pièces précieuses se sont perdues sans laisser le moindre vestige de leur passage. Contrairement, en effet, à l'usage adopté par ses vénérables prédécesseurs de Limoges et sauf des

cas très rares, le maître genevois dédaigna de
signer les émaux sortis de son atelier et se
montra plus avare encore d'indications exactes
et détaillées sur les personnages reproduits par
son pinceau. La plupart des renseignements con-
tenus dans les anciens catalogues sont erronnés
et ne reposent que sur des traditions suspectes.

Nous ne saurions donc apporter une trop
méticuleuse prudence dans nos affirmations
et nous devons souvent nous résigner, après
de longues et patientes recherches, à la con-
clusion modeste, mais loyale, d'inconnu, plutôt que de nous laisser entraîner par d'ingénieuses hypothèses et de céder à l'attrayante,
mais coupable tentation, d'inscrire sous un
beau portrait le nom d'un personnage célèbre.
Pour ne citer qu'un seul exemple, parmi les
émaux exposés en 1903 au palais Eynard,
figurait celui d'une jeune femme à l'opulente
carnation, aux traits réguliers, aux yeux bleus,
aux cheveux blonds et frisés à la mode du
XVIIme siècle, vêtue d'une robe en satin blanc
très décolletée et relevée par des agréments en
soie jaune pâle, portant un collier, une broche
et des boucles d'oreilles en perles fines, et men-
tionnée comme Mme de Grignan. La ressemblance est incontestable avec les portraits du

Louvre et de Windsor, représentant la froide, correcte et maussade comtesse, fille de Mme de Sévigné, mais nous craindrions de pousser nos déductions au delà d'une forte vraisemblance.

La scrupuleuse réserve que nous nous imposons dans le domaine de l'histoire, ne diminue aucunement, du reste, nos jouissances artistiques. Tous ceux qui ont visité, il y a une vingtaine d'années, la galerie Borghèse, se souviennent d'une admirable toile, émigrée depuis lors à Paris chez le baron Alphonse de Rothschild, attribuée à Raphaël et censée représenter César Borgia. A vrai dire, ce personnage à la fière allure et au regard scrutateur, vêtu d'un justaucorps en peau de buffle et ployant la lame souple d'un fleuret avec sa main gantée et nerveuse, n'a jamais été peint par le maître d'Urbin et ne peut fournir aucune preuve authentique de sa parenté avec le fils d'Alexandre VI, mais il offre un type caractéristique, dans sa redoutable sagacité, de la Renaissance italienne, celui de l'aventurier parvenu au faîte du pouvoir grâce à ses géniales intrigues, du diplomate doublé d'un condottière.

La négligence volontaire apportée par Petitot pour la garantie de ses œuvres entraîna d'autres conséquences plus regrettables encore :

« Le manque de nom, » écrivait déjà au
XVIIIme siècle le judicieux Mariette, « a beau-
« coup fait perdre de prix aux portraits de
« Petitot et a souvent occasionné la destruc-
« tion qui s'en est faite, faute de connaître les
« personnes qui y étaient représentées. C'était
« alors une mode pour les femmes d'avoir son
« portrait peint, monté en bracelet et, pour
« peu qu'elles fussent d'un certain rang, il n'y
« en avait point qui ne voulussent avoir un
« pareil bijou, mais, uniquement occupées de
« leur parure, elles les laissaient le plus sou-
« vent à la discrétion de leurs suivantes, qui
« les confondant avec les diamants de leurs
« maîtresses, y occasionnaient des rayures et
« quelquefois même des fractures dans l'émail.
« Comme le mal était sans remède, on ne
« manquait pas alors de les envoyer aux or-
« fèvres, dont la cupidité allait quelquefois
« jusqu'à y comprendre des peintures bien
« conservées, pour en retirer le pur or, sur
« lequel l'émail était assisté. C'est ainsi qu'ont
« péri une infinité de peintures de Petitot,
« qu'on ne peut assez regretter. »

V

Le jeune maître genevois, aussitôt que son établissement artistique et commercial fut consolidé à Paris, songea au mariage. Nous lisons à son sujet, sur l'un des registres de l'Eglise réformée de Paris : « Les promesses de
« mariage d'entre Jean Petitot, marchand à Pa-
« ris, fils de deffunct Paul Petitot, marchand
« à Genève, et de deffuncte Etienne Royaume,
« ses père et mère, d'une part, et Marguerite
« Cuper, fille de Sulpice Cuper, conseiller du
« roy et controlleur des rentes à la généralité
« de Bordeaux et de Marie Manier, ses père
« et mère, d'autre part, ayant esté publiées et
« veues au Consistoire, ont esté par trois di-
« manches consécutifs, savoir le 9, le 16 et le
« 23 juillet 1651, sans qu'il y aist heu aucune

« oposition, et le jeudi vingt-troisième no-
« vembre 1651, le mariage a esté bénit par
« M. Drelincourt. »

Déjà, le 27 d'août de cette même année 1651,
Jacques Bordier avait épousé Anne-Madeleine,
sœur cadette de Marguerite. Les Cuper et les
Manier étaient également originaires de Blois,
où le grand-père maternel de Marguerite Petitot, Théodore Manier, exerçait les fonctions
de greffier criminel au bailliage. Plusieurs autres de leurs membres étaient alliés à des familles de banquiers fixées sur les bords de la
Loire. Les Protestants français n'ont pas attendu la Restauration de 1815 pour se distin-
guer par leurs capacités financières. Mariette
fait aussi observer avec sa pénétration ordinaire, que la profession d'émailleur fleurit dans
l'Orléanais pendant tout le cours du XVIIme siècle. Peut-être Petitot avait-il déjà été reçu par
la famille Cuper, lorsqu'il faisait avec Pierre
Bordier, en qualité de compagnon, son tour de
France?

Charles Drelincourt n'est pas davantage un
inconnu dans les annales du Protestantisme.
Né le 19 juillet 1595 à Sédan, d'une famille de
simples artisans originaires de Caen en Nor-
mandie, il avait été appelé en 1620, par le Con-

sistoire de Paris, à desservir, malgré sa jeunesse, l'église de Charenton et lui demeura fidèle jusqu'à sa mort, survenue le 3 novembre 1669. Ses sermons édifièrent de nombreux auditoires par leur connaissance approfondie de la Bible, la sagesse de leur méthode, la douceur persuasive de leur langage, qui contrastait avantageusement avec l'âpre véhémence de plusieurs de ses collègues. Non point que l'art de la polémique lui fût étranger, puisque nous possédons de lui maint vigoureux et substantiel traité contre Rome. Il suffit de rappeler le *Triomphe des Eglises sous la Croix*, *l'Abrégé des Controverses*, les *Dialogues familiers sur les principales objections des Missionnaires*, la *Défense de Calvin contre le cardinal de Richelieu*, les *justes Causes de la Séparation de Protestants*.

« On ne saurait dignement représenter, » dit « le sévère et sceptique Bayle, « les services que « Drelincourt a rendus à l'Eglise par la fécon-« dité de sa plume, soit que l'on regarde ses « livres de dévotion, soit que l'on regarde ses « livres de controverse. Il y a tant d'onction « dans les premiers, l'esprit et les expressions « de l'Ecriture y règnent de telle sorte, que les « bonnes âmes y ont trouvé et y trouvent en-

« core tous les jours une pâture merveilleuse.
« Ce qu'il a écrit contre l'Eglise Romaine, a
« fortifié les Protestants plus que l'on ne
« saurait dire, car, avec les armes qu'il leur a
« fournies, ceux mêmes qui n'avaient aucune
« étude, tenaient tête aux moines et aux curés
« et prêtaient hardiment le collet aux mission-
« naires. »

Il convient peut-être aussi de donner quelques détails précis et authentiques sur le
temple de Charenton, aussi célèbre qu'inexac-
tement connu.

Les Huguenots de Paris ne possédèrent,
pendant la période des Valois, pour la célébration de leur culte, aucun temple officiellement garanti par l'autorité civile. De bonne
heure cependant, des assemblées régulières,
quoique plus ou moins clandestines, se tinrent
en diverses localités, soit de la rive droite, soit
de la rive gauche, mais surtout hors des murs
et dans les bourgs, à Copeaux hors de la porte
du Temple et dans l'enclos de Popincourt, au
jardin de la Cerisaye, à la maison du Pa-
triarche contiguë au presbytère de l'église de
Saint-Médard et à une autre qui surplombait
les Fossés Saint-Jacques et portait l'enseigne
de Jérusalem. L'Evangile fut même expliqué

Mademoiselle de La Vallière pénitente

Mademoiselle de La Vallière duchesse

Collection de l'auteur.

au Louvre, par Gérard Roussel et d'autres pieux disciples de Lefèvre d'Etaples, dans les appartements de Marguerite de Navarre.

Les Psaumes, récemment mis en vers français par Clément Marot, conquirent rapidement la faveur publique et se substituèrent, comme exercice musical, aux chansons grivoises déclamées par les étudiants, qui se battaient, le soir, sur le Pré aux Clercs, vis-à-vis du Louvre. Les seigneurs et les dames de la Cour prirent l'habitude de traverser la Seine, pour mêler leurs voix à celles de la jeunesse savante, et Antoine de Bourbon, le roi hérétique de Navarre, l'époux de Jeanne d'Albret et le père d'Henri IV, ne dédaigna pas de faire le tour du célèbre jardin en récitant un Psaume et en prenant la tête d'un long cortège de courtisans et d'écoliers. Avant que les Protestants de Paris possédassent un temple et qu'ils se fussent donné en 1557 un pasteur en la personne d'Antoine de Chandieu, ils avaient organisé des écoles, dites buissonnières, parce qu'elles se tenaient à la campagne, pour se soustraire à la surveillance du chantre de Notre-Dame.

La petite église de Paris ne perdit jamais courage, même au lendemain de la Saint-Barthélemy, malgré le meurtre de Coligny et l'abjuration de Condé, malgré l'animadversion de la municipalité qui ordonna la frappe d'une médaille en l'honneur du massacre et la haine de la populace qui accompagnait de ses sinistres clameurs les hérétiques conduits aux bûchers allumés sur la place Maubert et la Croix du Trahoir, les égorgeait le soir aux coins des rues et jetait leurs cadavres dans la Seine. Quelques mois après ce lugubre événement, un pieux laïque, Bérenger de Portal, légua à la communauté, dont il espérait la prompte restauration, une somme qui servirait à maintenir les pasteurs en office et à payer, en vue de l'avenir, les études des jeunes candidats au Saint-Ministère.

L'édit de Nantes, publié le 8 octobre 1593, autorisa l'exercice de la religion réformée dans un village de la banlieue parisienne, Noisy-le-Sec. Aussitôt après l'avènement de Henri IV, sa pieuse sœur, Catherine de Bourbon, usa du droit qui appartenait aux nobles de célébrer leur culte chez eux, toutes portes ouvertes. L'église, selon le langage du temps, se trouva recueillie chez Madame et le Louvre redevint l'asile des Huguenots, affamés de l'Evangile, par la volonté de la fille de Jeanne d'Albret, comme au temps de son aïeule Marguerite de Navarre.

On n'osait pas cependant y chanter, mais un jour d'Aubigné prévint la princesse, retenue par Henri IV dans une interminable causerie, que le ministre l'attendait depuis longtemps pour commencer le service. Le monarque rabroua son fidèle serviteur suivant son habitude. « Si l'on s'impatiente, ajouta-t-il, » qu'on chante pour se désennuyer. Ravi de pouvoir jouer un bon tour, d'Aubigné s'empressa de rapporter les paroles royales aux Parpaillots qui entonnèrent immédiatement un Psaume. Henri IV, effrayé, renvoya immédiatement Catherine. « Allez vite, au nom du ciel, mais qu'on ne chante plus ! »

L'édit de Nantes, promulgué le 13 avril 1598, substitua, en matière religieuse, la diversité des opinions à l'unité de la croyance et reconnut en France l'existence légale de deux cultes au lieu d'un seul. « L'union de tous, tant catholiques que réformés » disait à ce propos Henri IV, « est désirée par tous les gens honnêtes et sages et ne sera pas empêchée par les intrigues de quelques malicieux. »

Parmi les nombreuses clauses restrictives de l'Edit figurait l'interdiction du culte réformé à Paris et à cinq lieues à l'entour. Les premières assemblées huguenotes furent tenues en 1599 au château de Grigny, qui appartenait à Josias Mercier de Bordes, conseiller d'Etat et membre du Consistoire, savant distingué et fils d'un professeur d'hébreu au collège de France. Six mois plus tard, elles se transportèrent, en raison du trop grand éloignement et avec l'autorisation royale, au village d'Ablon, situé sur les bords de la Seine et la grande route de Paris à Orléans. Les Ephémérides de Casaubon sont remplies de curieux détails sur les difficultés du trajet, voire même ses périls. Les Huguenots furent fréquemment assaillis par une foule armée, excitée par les prédications de quelques moines fanatiques, entre autres le noble capucin Anne de Joyeuse. Des potences spéciales contre les perturbateurs furent dressées, par ordre du lieutenant de police, sur les places de la Tournelle et de Grève. Plusieurs voyageurs se noyèrent par accident, entre autres le propre neveu de Casaubon. Le Consistoire, dans un mémoire remis à Henri IV, déclare que quarante nouveaux-nés moururent de froid pour avoir été portés en hiver au baptême.

Les justes griefs, suscités chez les Protestants par un régime aussi défectueux, reçurent, en 1606, pleine satisfaction de la part de

Henri IV. Un troisième lieu de culte leur fut assigné à Charenton Saint-Maurice, un bourg situé à deux lieues de Paris, au confluent de la Seine et de la Marne, lieu de culte qui demeura ouvert jusqu'à la révocation de l'édit de Nantes. Sully et Calignon, l'ancien chancelier de Navarre, tous deux personnages très estimés et très influents auprès du monarque, avaient été délégués, dès le mois d'août 1605, par l'assemblée de Châtellerault pour mener cette importante affaire à bonne fin. Peut-être Henri IV, lorsqu'il donna son acquiescement final, ne fut-il pas insensible aux représentations de nombreux seigneurs huguenots, qui alléguaient l'impossibilité où ils se trouvaient de remplir le même jour leurs devoirs envers leur Dieu et envers leur roi. Deux conseillers, l'un catholique et l'autre réformé, le président Jeannin et le marquis de Chasteauneuf, chargés de visiter les environs de la capitale, jetèrent leur dévolu sur Charenton, au grand émoi du curé et du seigneur de la localité, Le Bossu, lesquels, dès le 22 juillet, avaient pétitionné auprès du Parlement contre cette pernicieuse entreprise et appelé, le 2 août, à la rescousse le prévôt des marchands et les échevins de Paris.

Nonobstant ces pressantes réclamations, le conseiller de Maupeau acquit, en vertu de lettres patentes datées du 23 août, une maison sise à Charenton et dite l'Hôtel de La Rivière, pour le prix de 7000 livres, au nom et profit des habitants de Paris professant la R. P. R.[1]. Trois jours après, le 26 août, les commissaires royaux installèrent deux mandataires du Consistoire, MM. Bigot et de la Noue, non sans avoir convoqué le seigneur Le Bossu et lui avoir signifié les intentions et volontés royales. Nous apprenons, par les Mémoires de Pierre de l'Estoile, que le premier prêche fut tenu à Charenton, le dimanche 27 août, en présence d'environ 3000 fidèles, comme aussi d'un exempt et d'archers envoyés pour le maintien de l'ordre. Les catholiques ne manquèrent pas de faire observer que le nouveau lieu de culte n'était pas séparé par cinq lieues de la capitale. Le Bearnais qui, si fréquemment, viola lui-même l'Edit de Nantes et le laissa violer par d'autres au détriment de ses anciens coreligionnaires, l'enfreignit cette fois en leur faveur. « Eh bien ! » répliqua-t-il aux récalcitrants avec un malin sourire, « vous ap-

---

[1] Religion prétendue réformée.

prendrez désormais à compter cinq lieues entre
Paris et Charenton. » De nouveaux ordres
formels de sa part n'en furent pas moins nécessaires, pour que le seigneur Le Bossu, malgré
les avantages matériels qu'il en retirait, con-
sentît, le 4 octobre 1606, à recevoir « les foi,
hommage et redevance de ceux de la R. P. R.,
représentés par les anciens et diacres, ayant à
leur tête les ministres de Laubereau et Pierre
Du Moulin. »

Malgré la diminution considérable de la
distance, l'exercice du culte n'était guère plus
facile, pour les protestants parisiens, à Charenton qu'à Ablon, mais les obstacles de tous
genres, ceux entre autres engendrés par le
mauvais état des routes et l'inclémence des sai-
sons, ne réussissaient qu'à stimuler leur ferveur.
Dès 1606, les rues du faubourg Saint-Antoine
furent parcourues chaque dimanche et jour de
fête, par des nombreux fidèles, les uns en carrosse, d'autres à cheval, d'autres encore à pied,
qui tous chantaient à gorge déployée les Psaumes et provoquaient ainsi le courroux de leurs
adversaires. Deux nouvelles potences furent
dressées à la porte Saint-Antoine, pour le châ-
timent des séditieux, l'une par le lieutenant de
police, l'autre par le chevalier du guet, chacun

de ces fonctionnaires désirant posséder la sienne propre. La Seine se couvrait également d'embarcations de toute espèce et de toute forme. « C'était, » suivant un dicton papiste, « la flotte des brebis galeuses, qui se rendait « au presche, à Charenton. »

De graves et multiples accidents ne parvinrent pas à ralentir ce pieux concours. En 1684, une tempête engloutit une barque qui portait une quarantaine de personnes, entre autres les deux fils du marquis de Mirabeau-Pardaillan. Le ministre Daniel Chamier, qui, après avoir célébré la Cène, le 23 décembre 1606, revenait à pied, par une neige épaisse accompagnée d'un vent terrible, glissa sur le verglas et se blessa si grièvement dans sa chute, qu'il dut être ramené dans le carrosse de Mme de Chatillon. Nous lisons dans le journal de Petitot : « Ta main m'a abattu par une « chutte, alant en ta maison pour participer au « Saint-Sacrement de ton corps et de ton sang, « avec une partie de ma famille à laquelle tu « fis cette grâce, en me châtiant par la pri- « vation d'un bien si grand et par deux bles- « sures à la teste, qui me firent ressentir « quelques mois d'assez vives douleurs, avant « que d'estre parvenu à la complète guérison,

« que ta bonté m'a accordée pour le bien de ma
« famille. » Casaubon que le mauvais état de sa
santé privait souvent de la satisfaction de se
rendre au temple, se contentait d'assister au
culte anglican, dans la chapelle de l'ambassade
de la Grande-Bretagne.

La mort de Henri IV, survenue le 14 mai
1610, remplit de consternation ses anciens coreligionnaires, parce qu'elle supprimait tout
contrepoids aux influences jésuitiques, toutes
puissantes sur l'esprit de la régente, Marie de
Médicis. Les pasteurs Durant et Du Moulin,
flétrirent du haut de la chaire, devant de nombreuses assemblées en pleurs et en vêtements
de deuil, l'horrible attentat par lequel des fanatiques avaient répondu à l'acte libérateur du
monarque, à cet édit de Nantes qui avait
rétabli la concorde en France entre les adeptes
des différentes croyances religieuses.

Les Mémoires de l'Estoile nous renseignent,
avec une pittoresque abondance, sur les
nombreux incidents polémiques qui se succé-
dèrent à propos de Charenton. Les controverses, commencées par la parole et la plume,
dégénérèrent fréquemment en luttes à main
armée.

Nous ne mentionnerons qu'un seul de ces

dramatiques épisodes. Lorsque la population parisienne apprit la mort du duc de Mayenne, l'ancien chef de la Ligue, tué le 17 septembre 1621, d'un coup d'arquebuse, au siège de Montauban par l'armée royale, elle résolut de venger sa mémoire par une émeute, qui éclata le 26 du même mois, un dimanche, au faubourg Saint-Antoine. Les séditieux voulurent contraindre les Huguenots, qui se rendaient au prêche, à s'agenouiller devant une image de la Vierge dressée devant la porte de la Cité, mais ceux-ci préférèrent mourir, plutôt que de se rendre coupables d'une honteuse abjuration. Plusieurs maisons du bourg furent mises au pillage et le temple, construit en 1607, livré aux flammes, tandis que des chaînes étaient tendues, pendant la soirée, dans les rues de la capitale. En ces tristes conjonctures, l'autorité civile témoigna d'une sincère bienveillance pour les victimes. Cinquante d'entre elles furent protégées par le chevalier du guet, lorsqu'elles se réunirent, le dimanche 4 octobre, dans un grenier, en l'absence de leurs pasteurs, pour la lecture de la Bible et le chant des Psaumes.

Les troubles recommencèrent quelques temps après, lors de l'incendie, amené par négligence, de deux ponts construits en bois et

bordés d'échoppes sur tout leur parcours, le
Pont au Change et le Pont marchand. Les
catholiques s'empressèrent de faire retomber la
responsabilité de cette catastrophe sur les
réformés, désireux de se venger de la destruction de leur temple. Le Parlement les défendit
contre une calomnie, qui aurait pu entraîner
pour eux les plus graves conséquences, mais la
surexcitation persista assez longtemps dans les
esprits, pour qu'il ne pût être songé qu'en
octobre 1622 à la construction d'un nouvel
édifice. Une requête pour un secours pécuniaire, adressée en 1623 à Louis XIII, se
heurta contre une fin de non recevoir catégorique. » L'affaire, « répondit le monarque en
date du 4 mars » était confiée au soin et à la
« diligence de ses sujets de la Religion prétendue réformée. »

La Synode national, convoqué pour la première fois à Charenton, s'y tint, en cette même
année 1623, du 1ᵉʳ septembre au 1ᵉʳ octobre,
dans une salle provisoirement affectée au service divin. A quelle époque et avec quelles ressources les Réformés se mirent-ils à l'œuvre
pour l'érection de l'édifice laissé à leur charge ?
Quoique nous ne le sachions pas d'une façon
précise, il est certain toutefois que l'inaugu-

ration du deuxième temple fut célébrée au cours de l'année 1625. L'architecte en fut Salomon de Brosses, seigneur du Plessis, originaire de Verneuil-sur-Oise et neveu de Jacques Androuet du Cerceau, auquel l'art français est redevable, à Paris, du palais du Luxembourg, de la grotte-fontaine de Médicis, du portail de Saint-Gervais, de la Grande Salle du Palais de Justice, des hôtels de Soissons et de Bouillon, de l'aqueduc d'Arcueil, en province, du palais du Parlement de Bretagne, des châteaux de Verneuil, de Monceaux, de Coulommiers, de Blérencourt.

Le *Mercure de France* décrit le nouveau sanctuaire huguenot comme une sorte de basilique, un carré long percé de 8 portes, éclairé par 81 croisées réparties sur 3 étages, atteignant 27 pieds jusqu'à l'entablement et en mesurant 104 de long sur 66 de large. Sur le pourtour de la nef se succédaient 20 colonnes d'ordre dorique, atteignant chacune 20 pieds d'altitude et formant 3 étages de galeries, auxquelles les fidèles accédaient par 4 escaliers placés aux 4 angles. La charpente du comble constituait un fort bel assemblage, le clocher était pourvu d'une cloche ayant 8 pieds de diamètre et d'une lanterne revêtue de plomb, tandis que le reste du toit était recouvert en tuiles. La capacité du temple de Charenton a été grandement exagérée par des historiens appartenant à une époque subséquente, lesquels ont prétendu que 14,000 auditeurs pouvaient aisément trouver place dans son vaisseau. La réalité indique 4000 personnes pour une superficie équivalant au cinquième de celle de Notre-Dame de Paris. Les Protestants exilés de France gardèrent un souvenir légendaire de ce simple et vaste édifice, dont ils se plurent à rappeler le style, sinon à reproduire les proportions, dans les temples construits par eux sur la terre étrangère, entre autres celui du Refuge à Berlin.

Un plan, dressé en 1679 par Marot et Leclerc et conservé aux Archives nationales, montre quelle était la distribution des places. Les princes et les ambassadeurs étrangers, les gentilhommes et les dames de marque, les notables ecclésiastiques avaient droit à des sièges réservés. Nous citerons parmi les Protestants parisiens les plus connus à cette époque, le docte Casaubon, l'intègre receveur des finances Herwart, Valentin Conrart, le véritable fondateur de l'Académie française, Théophraste Renaudot, le créateur du journalisme,

Mmes de Lorges, de Bouillon, de Turenne, de la Trémouille. La duchesse douairière de Rohan se plaignait de trouver la petite porte du temple encombrée d'Altesses. Tallemant des Réaux nous informe, qu'avec les progrès de la réaction jésuitique, quelques-uns de ces hauts personnages se rendaient masqués au service divin pour ne pas encourir la défaveur du monarque. Il ajoute que les meilleures places étaient gardées dès le matin et que des centaines d'indigents se livraient à ce métier lucratif, comme aujourd'hui aux abords de l'Institut, lors des réceptions courues d'Immortels. Les prédicateurs les plus éloquents de la Réforme au XVIIme siècle se firent entendre sous les voûtes de Charenton : Amyrault et Mestrezat, Daillé et Claude, Aubertin, Gaches et Le Faucheur.

Dans l'enclos du temple, auquel cinq portes donnaient accès, s'élevaient deux maisons consistoriales et deux cimetières, un pour les gens de qualité et un autre pour le peuple. Il s'y trouvait également une imprimerie et de nombreuses boutiques de libraires, dont quelques-uns avaient leur établissement principal à Paris, Antoine Cellier, Matthieu Colombel, Abraham Pacard, Louys Vendosme. Les substantiels et savoureux ouvrages, édités par eux

et recherchés pour leur perfection typogra-
phique par les bibliophiles du XIXme siècle,
apportent encore aujourd'hui plaisir et profit
aux descendants des Huguenots, capables de
lectures saines et sérieuses. Une sincère admiration s'empare de nous vis-à-vis de l'ample
savoir et de la robuste dialectique, souvent
aussi de l'ironie vengeresse et de la chaleur si
communicative dans sa sobriété, déployées par
les Basnage, les Blondel, les Bochart, les Cappel, les de la Place, les Rivet, les Jurieu, les
pasteurs de Nîmes et de Die, de Caen et de
Montpellier, les professeurs de Sédan et de
Saumur. Les achats se faisaient le dimanche
après le culte, sans que le Consistoire, pourtant
si rigide, obligeât les marchands de sermons
et autres livres pieux à une observance judaï-
que du Sabbat.

La bienfaisance était tout aussi peu négligée
que l'instruction. Si le jésuite Garasse déclara,
dans un de ses ignominieux pamphlets, que
l'église des Réformés deviendrait bientôt une
assemblée de gueux, les rapports de police
nous apprennent que les Protestants de la capitale, pour soustraire leurs malades aux obsessions des prêtres et des moines, ne cessèrent d'entretenir à leurs frais des hôpitaux

clandestins, interdits en 1600 par un arrêt du
Parlement, mais qui n'en subsistèrent pas
moins, non seulement à Charenton, mais à
Paris même, au quartier de l'Estrapade, dans
les faubourgs Montmartre et Saint-Marceau,
dans les rues des Fossés, Monsieur-le-Prince,
du Sabot, de Béthisy.

Un mouvement et une animation extraordi-
naires s'emparaient du bourg, si paisible pendant la semaine, mais où arrivaient, chaque
dimanche, tant de maîtres, de valets et de chevaux, qu'il fallait héberger et nourrir. Les au-
bergistes réglaient leurs approvisionnements
sur la plus ou moins grande attraction exercée
par les prédicateurs en office. Le langage po-
pulaire désignait par l'épithète de deux broches, le dimanche où la chaire était occupée par
un orateur célèbre, et par celle de trois broches celui où deux pasteurs, également aimés
du public, se faisaient successivement entendre. « Vous saurez », écrit Scarron, le 20 août
1660, « qu'à Charenton, le lendemain des dimanches et des fêtes, on ne trouve rien à
manger, et moins de pain frais que de tout
autre chose. » On ignore si le spirituel cul-de-
jatte se faisait accompagner dans ses excur-
sions par son épouse, la future Mme de Main-

CARDINAL MAZARIN

BUSSY-RABUTIN

Collection du South Kensington Museum.

tenon, la petite-fille apostate d'Agrippa d'Aubigné.

Le service du matin se célébrant entre 9 h.
et 11 h., ceux qui s'y rendaient en bateau devaient, pour arriver à temps, partir de Paris
à 7 h. Le trajet en voiture était presque aussi
long à cause du mauvais état des routes. Un
deuxième service avait lieu l'après-midi entre
1 h. et 3 h. Plusieurs fidèles se rendaient à
Charenton dès la veille, y passaient le dimanche entier et y restaient jusqu'au lundi et même
au mardi, afin d'assister à la préparation de la
Sainte Cène, à l'instruction des catéchumènes
et à de nombreux cultes supplémentaires. Les
jours de jeûne se passaient entièrement au
temple. Notre pensée se reporte à la Genève
d'autrefois, où les cérémonies d'humiliation et
d'actions de grâces étaient pratiquées avec
toute la rigueur calviniste, et dont les auditeurs, pour imposer silence à leurs tortures
stomacales, se réconfortaient par la fréquente
absorption de pastilles à la menthe, ou comme
nous disions dans notre dialecte local, de ta-
blettes à la bise.

VI

EVENONS à Jacques Bordier et à Jean Petitot. Le commerce de l'orfèvrerie et de la joaillerie marcha toujours de pair dans leur activité avec l'exercice de la peinture, le négociant ne se sépara jamais chez eux de l'artiste. Jacques Bordier, qui représentait dans l'association l'élément actif et pratique, profita du crédit dont il jouissait, auprès de grands seigneurs et de personnages influents à la Cour, pour rendre à sa patrie de fréquents et précieux services. Les syndics lui témoignèrent leur satisfaction en maintenant la nationalité genevoise aux enfants, soit de lui, soit de Petitot, qui pourraient naître sur terre française. Les deux amis, fort touchés par une marque de bienveillance que la République ne prodiguait pas à cette époque, exprimèrent leur gratitude en ces termes :

« Aux magnifiques et très honorés Seigneurs,
Messeigneurs les Syndics du Conseil
de Genève. »

« Magnifiques et très honorez Seigneurs,

« Vous aians pleu nous donner une marque
« singulière de votre bonté et de l'honneur de
« vostre bienveillance par l'arrest que Monsieur
« l'ancien Syndic Lullin nous a envoié en vostre
« nom en datte du 16me may dernier, qui accorde
« à nos enfans à naistre le droit et les privilèges
« de citoyens, comme s'ils estoyent nais dans
« votre ville, nous en remercions très humble-
« ment vos Seigneuries et ne sçaurions assez
« leur témoigner la reconnaissance que nous en
« avons, mais, s'il plaist à Dieu nous donner des
« fils qui puissent jouir de ce privilège, nous les
« asseurons de prendre soin de les eslever et
« instruire à rendre leurs respects et leurs ser-
« vices à leur patrie avec tout le zèle auquel cette
« grâce les oblige. Et si vos Seigneuries ont
« fait quelque considération de la dévotion et
« affection avec laquelle nous avons tâché d'exé-
« cuter leurs ordres et leurs commandements
« dont ils nous ont honorez pour leurs affaires,
« nous rechercherons de plus fort les occasions
« de leur en donner à l'advenir de plus grandes

« preuves et leur témoigner que nous sommes
« avec beaucoup de respect de leurs Seigneuries
« les très humbles, très obéissants et très fidèles
« serviteurs et citoyens, J. Petitot, — J. Bordier
« — de Paris, le 11 de janvier 1669. »

Jacques Bordier revient sur le même sujet
dans une lettre datée du 9 août 1677. « Je vous
« remercie, Monsieur, » écrit-il au secrétaire
d'Etat du Puy, « de l'attestation que vous
« m'avez envoiée de la bourgeoisie de mon fils,
« je croy qu'elle suffira dans la forme qu'elle
« est. Monsieur votre fils croit qu'il soit citoyen
« et que je me fais du tord de ne prendre que
« ce certificat, mais, comme il est nay en France,
« il ne peut être que bourgeois. S'il était
« besoing de quelque acte plus ample que celuy
« là, je croy qu'ils auroient assés de bonté de
« me le donner en la forme qu'il seroit néces-
« saire et comme il est dans le service, j'ay creu
« qu'il se fallait précautionner en cas qu'on
« voulusse voir s'il a le privilège des officiers
« suisses. »

« Monsieur Petitot, » écrit encore Bordier au
syndic Lullin le 5 avril 1675, « vous remercie
« très humblement avec moy de la bonté que
« vous avés eûe de vous charger de l'affaire de
« sa sœur, il ne doute pas qu'il n'y aye de la

« difficulté, mais en tout cela nous ne pouvons
« et ne voudrions pas vous demander autre
« chose que la iustice. Monsieur Petitot m'a
« prié de vous assurer icy de ses très-humbles
« respects. »

Les relations étendues que Jacques Bordier
possédait en France, ainsi que ses remarquables
capacités diplomatiques, avaient engagé le
Conseil à le choisir, dès l'année précédente
(1668), pour son agent officieux auprès du cabinet de Versailles, une fonction qu'il garda
jusqu'à sa mort, survenue en août 1684. Vingt-
trois lettres, écrites de sa main, adressées à
différents magistrats, entre autres au Syndic et
Conseiller d'Estat Lullin, à M. du Puy, Conseiller et Secrétaire d'Estat de la République
de Genève, à noble Le Fort, et conservées
aujourd'hui aux Archives, dans le portefeuille
N° 3501, font grand honneur à son zèle infatigable pour les intérêts publics, ainsi qu'à son
énergie clairvoyante et désintéressée.

Même pendant les périodes de bon vouloir,
les relations de la petite république avec la
grande monarchie sa voisine n'avaient pas
laissé d'être singulièrement délicates. Il suffit,
pour s'en convaincre, de parcourir la correspondance échangée entre le Conseil et ses délégués

Louis XIV enfant

Louis XIV jeune

à Paris, les habiles et loyaux serviteurs de l'Etat qui portaient nom Jacob Anjorrant, Michel Roset, Dauphin de Chapeaurouge. Et cependant le prince, avec lequel ils négociaient, était un adversaire résolu de l'Espagne, de la Savoie et des jésuites, ce joyeux et spirituel Henri IV, qui appelait familièrement nos syndics ses bons et fidèles compères, tout en leur jouant, en particulier à propos du pays de Gex, des tours pendables.

Les rapports devinrent autrement pénibles avec un souverain aussi altier et aussi jaloux de ses prérogatives que Louis XIV. Son ministre des affaires étrangères, le marquis de Pomponne, quoique ses dispositions fussent naturellement douces et conciliantes, témoigna dans les débats, pour complaire à son maître, d'une humeur cassante, souleva d'âpres contestations à propos des affaires les plus simples et des plus futiles incidents, épilogua sur l'interprétation des traités, entre autres celui de Lausanne, qui faisait loi pour le recrutement à l'étranger, désigna des commissaires malveillants pour la discussion de chaque cas spécial et, toutes les fois qu'il se trouva à bout d'arguties, partit pour la campagne, afin d'ajourner une réponse catégorique. Colbert, malgré sa réputation de

raideur, se montra beaucoup plus net et plus
franc pour les affaires litigieuses qui dépen-
daient de son autorité ministérielle. L'intérim
des affaires étrangères lui fut confié en 1679,
après la disgrâce d'Arnauld de Pomponne et
jusqu'à l'arrivée du nouveau titulaire, qui n'était
autre que son propre frère, Colbert de Croissy.
Le rôle décisif, qu'il avait joué dans cette révolution de cabinet, l'amena à suivre vis-à-vis de
Genève une ligne de conduite plus équitable et
plus bienveillante, sinon directement opposée à
celle de son prédécesseur. Sa rudesse prover-
biale est nettement affirmée par Bordier dans
une lettre adressée au syndic Lullin et datée du
16 août 1676. « Il est fort difficile de l'entretenir
« longtemps et il faut luy faire entendre en peu
« de parolles ce qu'on a à luy dire. »

Le résident accrédité par Louis XIV auprès
de la république genevoise, Laurent de Chauvigny, tout dévoué à Rome et ne visant que la
suppression de l'hérésie, compliqua une situation déjà singulièrement difficile en elle-même
par son manque de tact et son fanatisme.
M. Albert Rilliet, dans un volume aussi solidement documenté qu'élégamment écrit et dont
la lecture offre un aussi vif attrait que celle du
plus ingénieux roman, a raconté cette étrange

tentative de rétablir, à la veille de la révocation de l'Edit de Nantes, la célébration de la messe dans la cité de Calvin. Les dangereux projets que nourrissait Chauvigny, de bonne heure devinés par Jacques Bordier, lui inspirèrent une profonde méfiance.

« Monsieur, » écrit-il le 24 juillet 1679 à M. du Puy, « j'ai receu la lettre que vous « m'avez fait l'honneur de m'écrire en datte du « premier de ce mois et le pacquet qui me fut « adressé huit jours auparavant pour M. de « Pomponne, auquel ie ne doute pas qu'il fasse « réponse. Je souhaitterais bien avoir assez de « crédit pour pouvoir détourner le dessein qu'on « a pris d'envoier de là le sieur de Chauvigny, « mais ie croy qu'il serait difficile d'y réussir : « il devoit déjà partir la semaine passée et ie ne « sçay s'il est encore à Paris. On a mal fait de « témoigner tant d'empressement pour cette « commission et d'y venir les uns sur les autres : « si on c'estait contenté seulement de donner « advis de la mort du sieur Favre[1] et témoigné « que sa Maiesté pourroit choisir dans la ville « telle personne qui luy seroit agréable pour « remplir cette place, ie suis persuadé qu'on

[1] Prédécesseur de Chauvigny.

« n'auroit eu aucune pensée d'y envoier et que
« ce n'est que ces grands empressements qui en
« ont donné la visée. L'affaire du deffunt sieur
« Rigommier fait beaucoup de bruit icy, on me
« dit hyer que le Roy avoit envoié une lettre de
« cachet sur ce suiect à Messeigneurs et que le
« premier article du mémoire donné au dit sieur
« de Chauvigny étoit pour cette affaire, qu'on
« avoit examiné au Conseil en présence du Roy
« les informations faites à Genève et qu'on ne
« pouvoit comprendre comment on s'estoit pu
« porter à rendre le iugement qui y a été
« rendu ; enfin, Monsieur, on en parle fort
« désavantageusement et il ne faut pas grand
« chose pour donner de mauvaises impressions
« de la conduite qu'on tient de delà, il avoit icy
« une assez grande parenté qui croit qu'on ne
« devoit pas aller si viste en une affaire où il
« s'agist de l'honneur des familles et qu'il ne
« devoit pas être iugé, sans qu'il y eust quelcun
« de leur part pour le deffendre. Voilà ce qu'ils
« en disent avec beaucoup de choses iniurieuses
« pour nous mettre dans le mespris ; cela me
« fasche fort et j'ay fait ce que i'ay pu pour
« iustifier la conduiste de Messeigneurs, mais
« il est difficille d'en venir à bout auprès de
« personnes qui sont outrées par l'honneur et

« par l'intérest. Je vous prie, Monsieur, de me
« continuer l'honneur de votre amitié et croire
« que je suis, Monsieur, votre très-humble et
« très-obéissant serviteur. »

Si Jacques Bordier avait à lutter contre de
puissants et tenaces adversaires et s'il voyait
se dresser sur sa route de redoutables écueils, il
ne manquait, pour l'accomplissement de sa
tâche délicate, ni de fidèles ni de solides appuis.
La correspondance mentionne, à de fréquentes
reprises, l'utile concours prêté par M. Desgallinières, notaire de leurs Seigneuries à Paris ;
elle se loue davantage encore du député Roset,
un descendant, selon toute vraisemblance, de
l'illustre Michel, qui avait hérité des capacités
politiques de son aïeul et qui s'était rendu dans
la capitale pour un procès engagé à l'occasion
de terres sises dans le pays de Gex et plaidé
devant le Parlement de Dijon, mais qui mourut
par malheur, au cours des négociations, en
mars 1677.

« Magnifiques et très honorez Seigneurs, »
écrit Jacques Bordier en date du 12 avril
1677, « quoyque la maladie de feu M. Roset,
« votre député, nous donnast plus à craindre
« qu'à espérer, nous ne pensions pas pourtant
« qu'il fust si proche de sa fin : il est mort sans

« fièvre par une pure extinction d'esprits,
« s'estant épuisé par la trop grande application
« qu'il avait à ses affaires. Il est génerallement
« regretté par tous ceux qui ont eu l'honneur de
« le connaître en ce pays et plusieurs personnes
« de considération ont témoigné la part qu'ils
« prenoient à cette perte par les civilitéz qu'ils
« en ont faites à M. du Puy. Je ne doute
« pas, Magnifiques et très honorez Seigneurs,
« que vous en ayez aussi esté touchez très sensi-
« blement, c'est une perte au public, à sa
« famille et à ses amis. »

Bordier continue sur le même sujet dans une lettre adressée à M. Du Puy et datée du 28 avril.

« Monsieur. Je n'ay pu voir partir Monsieur
« votre fils sans luy donner ce mot de lettre et
« vous témoigner de nouveau la peine qu'il a
« prise auprès de feu M. Roset et les services
« considérables qu'il luy a rendus. Je vous
« assure, Monsieur, qu'il s'est parfaitement
« bien acquité de toutes choses et s'est acquis
« l'estime d'une infinité de personnes de consi-
« dération, à qui il a rendu les civilitez aux-
« quelles il était obligé. Pour ce qui est des
« frais qu'il a fallu faire, il les a fait honora-
« blement suivant l'intention du défunt, et ce-

« pendant avec tout le ménage qui a été pos-
« sible, ainsi ie ne doute pas que ses héritiers
« en soient bien satisfais et n'en aient toute
« la reconnaissance à laquelle l'honnesteté les
« oblige. On ne peut pas s'estre rendu plus
« suiect auprès de luy qu'il l'a été, ne l'aiant
« presque iamais abandonné n'y iour n'y nuit,
« ce qui m'a fait craindre qu'il n'en demeurast
« indisposé, mais i'espère qu'avec l'aide de Dieu
« cela n'arrivera pas et que vous le recevrez en
« bonne santé. Je vous assure, Monsieur, que
« ce m'a esté une grande satisfaction d'avoir eu
« l'honneur de le voir en ce pays et de pouvoir
« rafraischir avec luy, aussi souvent que j'ay fait,
« la mémoire de notre ancienne amitié, ie tâ-
« cheray autant qu'il me sera possible d'en
« mériter la continuation et i'aurais souhaitté
« qu'il se fut rencontré des occasions de luy
« pouvoir témoigner par mes services que ie
« n'ay point de plus forte passion que celle-là
« et que ie suis avec beaucoup de respect,
« Monsieur, votre très-humble et très-obéissant
« serviteur. »

La longue expérience, acquise dans ses fonctions officieuses par Jacques Bordier, fut très
utile au syndic Michel Trembley, lorsque celui-
ci fut envoyé par ses collègues à Saint-Germain-

en-Laye, officiellement pour féliciter le Grand Dauphin de son mariage avec la princesse Marie-Josèphe de Bavière, en réalité pour se plaindre des procédés insolites employés à l'égard de la Seigneurie, malgré les instructions royales, par Chauvigny. Le résident, entraîné par son zèle intempestif, subordonnait toujours davantage les intérêts de la France à ceux de Rome et se comportait, dans un état protestant, moins en agent diplomatique de Louis XIV qu'en émissaire des jésuites et du Révérend Père de La Chaise. Le nombre des services rendus n'entraîna point Bordier à se départir de sa modestie ordinaire. Il suffit, pour s'en convaincre, de lire la lettre adressée par lui aux « Syndics et Conseils de Genève, » en date du 5 juin 1680.

« Magnifiques et très honorez Seigneurs, » reprend-il en date du 24 du même mois,

« Je suis infiniment obligé à Vos Seigneuries
« de l'honneur qu'Elles m'ont fait de m'écrire
« et des témoignages qu'Elles me donnent de la
« continuation de leur bienveillance. Je les en
« remercie très humblement et ie les supplie
« de croire que ce m'est beaucoup d'honneur
« qu'Elles aient la bonté d'agréer que ie tâche
« de leur rendre quelque petit service quand

« les occasions s'en présentent. J'aurais sou-
« haité d'avoir pu faire plus utilement pen-
« dant la députation de M. le Syndic Trem-
« bley, à qui j'ai bien de l'obligation de leur
« en avoir parlé avec tant d'avantage. Je fe-
« ray toujours tout ce qui sera en mon pou-
« voir pour témoigner à VV. SS. que j'ay à
« cœur leurs intérêts et que, dans les occa-
« sions où il leur plaira m'honorer de leurs
« commandemens, ie m'en acquitteray avec
« tout le zèle et tout le respect de celui qui
« est, Magnifiques et très honorez Seigneurs,
« de VV. SS. le très humble et très obéissant
« serviteur. »

« Je suis fort obligé à M. le Syndic Trembley
« de toutes les honnêtetez qu'il a pour moy ; ie
« vous assure que ie n'ay rien mérité auprès de
« luy et que tout ce qu'il vous en a dit, n'est
« qu'un pur effet de sa bonté, il s'est si bien
« acquitté de sa députation et a réussi si heu-
« reusement que ie ne doute point que tout ce
« qu'il y a eu d'honnestes gens de delà n'aye
« été ravi de le voir de retour. »

Si Bordier devait lutter contre de puissants
et tenaces adversaires, il pouvait compter dans
sa délicate mission sur le solide appui des cantons évangéliques. La fermeté de leur attitude

et la franchise de leur langage semblaient
seules capables de triompher du mauvais vouloir persistant manifesté par M. de Pomponne.

« Monsieur », écrivait-il au syndic Lullin, « Je
« vous ay mandé par ma dernière les difficultez
« que Monsieur de Pomponne a apporté à nos
« affaires, et comme il n'y a pas apparence à
« ce qu'il change de sentiment, ie ne voy point
« de moien d'en venir à bout, si ce n'est que,
« sur les demandes qu'on fait à Messieurs de
« Berne de faire de nouvelles recrües chez eux,
« ils prennent occasion de faire des plaintes
« très pressantes à Monsieur l'Ambassadeur
« sur le refus qu'on fait de nous pourvoir sur
« une affaire, à laquelle il n'y a jamais eu de
« difficulté et qu'ils en demandent l'exécution
« avant toutes choses. S'ils sont résolus de
« permettre les dites recrües, ie croy qu'on
« ne leur refusera pas de leur faire droit là-
« dessus, pourveu qu'ils demandent cela avec
« instance et que Monsieur l'Ambassadeur en
« écrive de la bonne manière. Monsieur Des-
« gallinières et moy vous avons mandé les
« raisons que Monsieur de Pomponne allègue
« contre le traitté de Lausanne, vous les luy
« pourrés faire voir et réfuter de telle manière
« qu'il en soit. Tout ce que ie crains c'est

Anne d'Autriche

Gentilhomme de la Cour de Louis XIV

Collection de l'auteur.

« qu'on ne vienne trop tard, car si les recreües
« sont accordées, il n'y aura plus rien à faire,
« il faut presser le plus que vous pourrés. »

Les mêmes recommandations sont renouvelées, avec une énergique brièveté, dans une
lettre datée du 12 mai 1677. « Je ne croy pas
« que nous puissions voir une fin de cette af-
« faire avant la fin de la campagne, cependant
« il est nécessaire que, sans aucun délay, Mes-
« sieurs les Cantons protestants en fassent de
« fortes instances auprès de Monsieur l'Am-
« bassadeur, car il n'y a rien à négliger. »

Heureusement pour les intérêts défendus
par Bordier avec une si inquiète sollicitude,
l'ambassadeur de France en Suisse, M. de
Gravel, se montrait aussi sympathique pour
Genève que le résident, M. de Chauvigny, lui
était hostile. Un conseiller d'Etat, M. Franconis, qui se rendait à Aarau, après avoir fait
un assez long séjour à Paris, se chargea de
plaider la cause de la République devant la
Diète, convoquée pour le 16 décembre 1675
sur l'initiative de Zurich.

« Monsieur », écrit Bordier à Lullin, dès le
21 juin, « J'ay creu que ie vous devois donner
« advis que Monsieur Franconis est parti de-
« puis deux iours pour s'en retourner à Zu-

« rich, et, comme il se doit tenir une diette en
« ce pays-là, où il se trouvera, il vous pour-
« roit rendre de bons services auprès de Mon-
« sieur l'Ambassadeur de France. Je croy qu'il
« seroit nécessaire qu'il y eust quelcun de votre
« part et que pour tel effect on députast à
« Messieurs de Berne. Si vous perdés cette
« occasion, vous ne la recouvrerés pas facile-
« ment et les affaires empirent souvent en
« vieillissant. Il faut engager ces Messieurs à
« en parler fortement et en faire une affaire de
« conséquence, comme elle l'est en effet, et
« demeurer d'accord des choses avec mon dit
« sieur l'ambassadeur, afin qu'il ne reste plus
« qu'à les executer icy suivant l'ordre qu'il en
« donnera. Si Messieurs de Berne ne les
« prennent extremement à cœur, on n'en vien-
« dra iamais à bout, car ie ne voy pas qu'on
« soit porté de deça à faire les choses que
« nous souhaitterions. »

Parmi les personnages favorablement disposés à l'égard de Genève, aucun n'était plus
apte à guider et à conseiller son agent au
cours de négociations délicates, que le colonel
Pierre Stuppa, originaire de la Valteline et
devenu par son libre choix citoyen des ligues
grisonnes. Les remarquables aptitudes, dont il

fit preuve dans une série de campagnes, attirèrent sur lui l'attention de Louvois; le crédit
dont il jouissait à la Cour fut considérablement
augmenté par le mariage d'un de ses frères
avec une nièce de Colbert; son franc parler
voulu, sous lequel se dissimulait une finesse très
éveillée sur ses intérêts matériels, ne déplut
pas à Louis XIV, dont il avait gagné les bonnes
grâces par sa conversion au catholicisme. L'altier ministre, vexé de l'insistance avec laquelle
les chefs de quelques régiments helvétiques
réclamaient les arrérages de leur solde, se permit de dire un jour en présence du monarque :
« Sire, avec tout l'or que Votre Majesté et les
rois ses prédécesseurs ont donné aux Suisses,
on paverait d'écus le chemin de Paris à Bâle. »
« Sire », répliqua fièrement Stouppa, « avec tout
le sang versé par les Suisses, on ferait un canal
de Bâle à Paris ».

La profonde gratitude, éprouvée par Bordier
pour les précieux services rendus par l'adroit
militaire-diplomate, ne subit aucune altération
pendant toute la durée de sa correspondance
avec la Seigneurie de Genève.

« En vérité », écrit-il à M. Lullin, « Monsieur
« le Colonel Stouppa a fait tout ce qu'il luy
« a esté possible et comme il s'estoit flatté

« d'emporter l'affaire de hauteur, il est extrê-
« mement fasché d'en voir un si mauvais succès.
« C'est une personne à laquelle on doit entre-
« tenir l'amitié par tous les moiens, ie vous
« assure qu'il y a apporté toute la chaleur et
« l'affection qu'il auroit pu faire pour les plus
« importantes affaires. Je ne vous dis rien du
« mécontentement qu'il m'avoit témoigné avoir
« il y a quelque tems, la chose n'est pas de si
« grande conséquence que ie l'avois creu, il en
« a parlé à M. Franconis en ma présence et il
« vous en pourra informer à son retour, seule-
« ment ie vous diray, Monsieur, que ie croy que
« son amitié doit estre ménagée, puisqu'il nous
« est affectionné et nous peut rendre des ser-
« vices très considérables. »

« Monsieur le colonel Stoupp, » continue-t-il
le 10 avril 1676, « en a parlé fortement à M. de
« Pomponne et plaint qu'on nous vouloit faire
« des procès sur des affaires qui étoient sans
« difficulté et qui dépendoient de l'exécution
« des traittez ; enfin il lui en parla avec tant de
« vigueur que M. de Saint-Romain (qui y étoit
« présent) me dit qu'il l'avoit fort esbranlé. Il
« luy dit même qu'il en feroit ses plaintes à S.
« M. et luy présenteroit un placet à cet effet.
« J'en ai fait dresser un par son ordre que ie

« luy ai remis, mais, dans l'embarras où on est
« pour le départ, ie ne pense pas qu'on puisse
« rien faire. Il me témoigna hyer qu'il avoit fait
« son possible, ces iours passés, pour prendre
« son tems d'en parler au Roy et le luy pré-
« senter, mais qu'il n'en avoit pas trouvé l'oc-
« casion et me promit qu'il ne manqueroit pas à
« le faire, quand il seroit à l'armée et qu'il en
« faisoit son affaire. Je luy donneray avant son
« départ nos requestes et toutes les pièces qui
« luy seront nécessaires, et du reste il en faut
« attendre avec patience l'événement. Si nous
« en venons à bout, ce ne sera que par sa faveur,
« car ie ne voy pas qu'on ait beaucoup d'incli-
« nation à favoriser nos demandes. Vous aurés
« s'il vous plaist la bonté, Monsieur, de faire
« entendre cecy à Nosseigneurs.

« Magnifiques et très-honorez Seigneurs, »
mande-t-il encore le 5 juillet 1677, « je ne
« doute pas, qu'estans persuadés, comme vous
« estes, que ledit sieur colonel a touiours em-
« brassé vos intérests avec autant de zèle et de
« cordialité qu'il se peut imaginer, que V. S.
« n'aient bien de la ioye de luy pouvoir té-
« moigner, dans cette occasion, la considération
« qu'elles font de sa recommandation et qu'elles
« ne fassent en sa faveur ce qui leur sera pos-

« sible; ie leur en seray aussi très-sensiblement
« obligé en mon particulier et continueray mes
« vœux pour la prospérité de leur Etat et la
« santé de Leurs Seigneuries. »

Parmi les autres personnes dont Jacques
Bordier pouvait attendre d'exacts renseignements et de bons offices, celles désignées, par
l'épithète d'amies, dans une lettre du syndic
Michel Trembley à ses collègues, nous mentionnerons le marquis de Ruvigny, délégué
général des Eglises réformées de France.
M. Frémont d'Ablancourt qui avait successivement rempli les postes d'ambassadeur à Lis-
bonne et de résident à Strasbourg, M. de
la Bastide, avantageusement connu par ses
ouvrages de controverse, le capitaine Fabri,
commandant d'une compagnie levée à Genève
pour le service de Louis XIV. Ajoutons-y les
pasteurs qui, tout en devant prêcher à Charenton, exerçaient en réalité leur ministère à
Paris.

Jacques Bordier noua enfin d'intimes relations
avec les ambassadeurs des puissances évangéliques qui s'étaient constituées, depuis le XVIᵐᵉ
siècle, les protectrices officieuses de la république genevoise : le royaume de la Grande
Bretagne, les Etats-Généraux de Hollande,

l'électorat de Brandenbourg qui allait bientôt devenir le royaume de Prusse. Le représentant de ce dernier état, Ezéchiel Spanheim, était pour lui un compatriote, puisqu'il avait vu le jour à Genève en 1629 et que son père, un réfugié du Palatinat, avait occupé dans l'académie calviniste, de 1631 à 1645, la chaire de théologie dogmatique laissée vacante par la mort de François Turrettin. Le diplomate lui-même, qui avait rempli dans sa jeunesse, à Heidelberg, les fonctions préceptorales auprès du fils de l'électeur palatin, Charles-Louis, prononça du haut de la chaire plusieurs discours. dont un sur la *Crèche et la Croix de Jésus Christ* eut en 1655 les honneurs de l'impression. se fit connaître comme hébraïsant et numismate et publia en faveur de l'orthodoxie stricte diverses brochures contre Louis Cappel, Samuel Bochart, Richard Simon.

Son pays d'origine bénéficia, en diverses occasions, du crédit dont il jouissait à Versailles.

« Monsieur, » écrit Bordier le 28 octobre 1680, à Noble Le Fort, « J'ay receu la lettre que vous
« m'avez fait l'honneur de m'écrire et fait tout
« ce que iay pu pour apprendre des nouvelles
« de l'arrest que vous croiés qui a été rendu au

« Conseil en faveur de M^r l'Evesque d'Annecy [1],
« mais iusques à présent ie n'en ay pu dé-
« couvrir aucune chose. Il y a dix ou douze
« iours que ie fus voir Monsieur Spanheim,
« Envoié de Monsieur l'Electeur de Brandem-
« bourg, auquel ie communiquay votre lettre et
« le priay de la part de Messeigneurs de tâcher,
« par le moien des habitudes qu'il a chez
« Messieurs les Ministres d'Estat, d'en sçavoir
« la vérité, il me promit qu'il y feroit tout son
« possible, et que, s'il en apprenoit quelque
« chose, il ne manqueroit pas à m'en donner in-
« continent advis. C'est pourquoy, Monsieur,
« vous pouvés être assuré que vous serés in-
« formé de tout ce que ie pourray apprendre,
« mais ie ne croy pas que le dit Sr Evesque ait
« pu obtenir aucun défaut, sans avoir fait no-
« tifier son arrest à Messeigneurs ; cependant il
« est touiours à propos de se tenir sur ses
« gardes pour éviter la surprise. »

« Il me vient dans l'esprit, » poursuit-il,
le 24 novembre de la même année, dans une
lettre adressée à son cousin Isaac Bordier, « la
« pensée d'une chose qui pourroit être utile,
« qui seroit de faire écrire par la Seigneurie à

[1] Jean d'Aranthon, successeur de François de Sales et
héritier de son ardeur pour la conversion des hérétiques.

« Monsieur Spanheim, Envoié de Monsieur
« l'Electeur de Brandembourg ; il a de grandes
« habitudes auprès de Monsieur de Croissy et
« même du crédit, et, comme il est obligé d'aller
« incessamment à la Cour pour les affaires de
« son maistre, il pourroit sans peine et sans
« frais prendre soing de celle-cy, ce que ie ne
« croy pas qu'il refuse à la prière de Nossei-
« gneurs, et ie luy remettrois la lettre qu'ils
« m'ont adressée pour ce ministre ; il faut que
« ces Messieurs prennent l'un de ces partis ; ie
« leur aurois écrit directement, mais, comme
« vous n'êtes pas ignorant de la manière dont
« les choses vont icy, jay creu que vous le leur
« feriez encore mieux entendre de bouche, car
« aussi bien cela ne peut pas aller si viste. »

Le principal sujet du litige entre la Seigneurie et le cabinet de Versailles concernait
les biens possédés, dans le pays de Gex, violemment ramené à la foi romaine, par des Genevois, abhorrés en leur qualité d'hérétiques.
Les secrets mobiles du gouvernement français
n'avaient pas échappé à l'esprit investigateur
de Bordier.

« Voilà, Monsieur, » écrivait-il le 5 avril 1675
à Lullin, « ce que ie puis vous en dire, avec
« bien du déplaisir de voir que ie réussisse si

« mal en cette sollicitation, mais ie croy qu'il
« y a longtemps que l'on a pris ces mesures
« contre nous, car vous sçavez que, du vivant
« de Monsieur de Lionne, nous ny avions rien
« pu advancer, et ie croy qu'on se fait un
« point d'honneur de ne permettre pas que des
« gens de notre religion possèdent dans le
« Royaume des biens ecclésiastiques. »

Bordier, malgré sa clairvoyance, ne pouvait soupçonner toute l'étendue et la gravité du péril. Le résident de France à Genève, Chauvigny, envoyait en effet, précisément à cette époque, à M. de Pomponne, un mémoire où étaient exposés non seulement les procédés les plus sûrs pour achever l'extirpation du protestantisme dans le pays de Gex, mais encore le plan qu'il conviendrait de suivre pour rétablir le catholicisme dans Genève, en plaçant cette ville sous la domination de la France. La rédaction de ce factum, avouait-il, lui avait été singulièrement facilitée par les lumières qu'il avait pu prendre dans ses grandes conférences avec l'évêque d'Annecy et dans son étroite correspondance avec les Jésuites d'Ornex près Ferney[1].

---

[1] Voir Alb. RILLIET. *Le rétablissement du catholicisme à Genève il y a deux siècles. 1880.*

Les hostilités commencèrent par une escarmouche, la saisie par le curé de Saconnex, M. Mojonnier, de denrées appartenant à des négociants genevois. Ce prètre comptait parmi les plus turbulents et les plus fanatiques du diocèse ; il accompagna le 9 juin 1680 M. de Chauvigny, lorsque celui-ci prit prétexte de son audience de congé auprès des syndics pour prononcer, dans la salle même du Conseil, un intempestif panégyrique de la Compagnie de Jésus.

« Monsieur Isaac Bordier, mon cousin, » écrit Jacques Bordier à Du Puy à la fin de juin 1676 « vous dira comme nous avons solli-
« cité Monsieur Bernard de Rézé, l'un de nos
« commissaires pour avoir la main levée des
« denrées saisies par le curé de Sacconez, mais,
« après avoir veu notre requeste, il trouve de la
« difficulté de nous accorder ce que nous de-
« mandons, sans appeler nos parties, quoyque
« nous offrions caution ; cependant il nous
« promit avant hyer d'en parler aux autres
« commissaires et d'y apporter la facilité qu'il
« luy seroit possible. Il dit aussi à Monsieur
« Desgallinières d'en advertir l'advocat du
« curé, ce qu'il promit de faire. En vérité
« Monsieur, vous ne sçauriés croire combien

« ces sortes d'affaires souffrent de difficultés
« dans un temps auquel on a si peu d'incli-
« nation à nous favoriser. On nous fait espérer
« que la Cour sera bientost de retour ; si cela
« est, ie verray tout ce que la faveur de
« Monsieur le colonel Stouppe nous pourra
« procurer, car ie suis assuré qu'il s'y prendra
« de la bonne manière : mais, s'ils ont résolu de
« ne point terminer ces sortes d'affaires à notre
« advantage, il est constant que tous les efforts
« que nous y ferons ne serviront de rien ; ce-
« pendant, Monsieur, ie ne pense pas que le
« curé puisse faire vendre ce qu'il a saisi que
« de votre consentement, en donnant par luy-
« même caution, à cause que l'arrest du Conseil
« d'Estat oblige les parties à se pourvoir pour
« toutes choses par devant Messieurs les
« Commissaires qui y sont dénommez ; ainsi
« quelque procédure, qu'il fasse maintenant
« ailleurs, ne peut être vallable. Je vous prie
« d'assurer Nosseigneurs que ie ne négligeray
« rien de ce qui sera pour leur service dans
« cette affaire. »

La correspondance continue le 3 août.

« Monsieur, J'ay receu la lettre que vous
« m'avez fait l'honneur de m'écrire, par la-
« quelle vous me donnés advis que Nossei-

« gneurs ont accommodé l'affaire qu'ils avoient
« avec les sieurs Bouvier et Mojonnier, curés
« de Sacconez. Il faut que ie vous advoue,
« Monsieur, que i'ay bien du déplaisir de
« n'avoir pu obtenir les provisions nécessaires
« pour leur procurer un accommodement plus
« advantageux que celuy qui aura été fait. Je
« n'en étois pas encore hors d'espérance, si
« Nosseigneurs avoient pu retarder iusque au
« retour du colonel Stouppe, qui, sans doute,
« sera très fasché d'apprendre cette nouvelle,
« car il m'avoit témoigné être fort piqué au ieu
« et qu'il regardoit cette affaire comme la
« sienne propre, de laquelle il viendroit à bout,
« ou tout ce qu'il a de crédit en cette Cour luy
« manqueroit. Il est certain que, peu de iours
« avant son départ, il avoit fort esbranlé Mon-
« sieur de Pomponne et l'avoit comme réduit à
« nous accorder nos demandes. Il m'avoit
« même promis d'y travailler encore pendant
« la campagne, mais ie crois bien, que les af-
« faires qu'il auroit, ne le luy pourroient pas
« permettre. Il faut prendre patience, puisque
« la chose est faite, et à l'advenir tâcher autant
« qu'il sera possible de n'avoir rien à démes-
« ler avec des ecclésiastiques, ou si on ne le
« peut pas éviter, s'accomoder avec eux dès

« l'abord, plutôt que de se consommer par des
« poursuites au Conseil où nous ne pouvons
« rien obtenir qui nous soit avantageux. J'ay
« prié Monsieur Desgallinières de faire retirer
« notre requeste des mains du commissaire
« qui en étoit chargé et retirer toute poursuite.
« Je vous prie, Monsieur, avoir la bonté d'as-
« surer Nosseigneurs de ma part que, quoy que
« i'aye si mal réussi en ce rencontre, cela n'em-
« peschera qu'en toute autre occasion, où il
« s'agira de leur service, ie ne m'y emploie
« avec tout le zèle auquel ma naissance
« m'oblige, et ie tacherai aussi de vous té-
« moigner en particulier que ie suis sans ré-
« serve, Monsieur, votre très-humble et très-
« obéissant serviteur. »

L'arme la plus efficace, dont disposait la
France pour briser la résistance de la seigneurie genevoise, consistait dans les taxes
arbitraires dont elle frappait, dans le pays de
Gex, le sel et les autres denrées indispensables
à l'alimentation, contrairement aux franchises
octroyées par Henri IV au Traité de Lyon en
1602. L'intendant de Bourgogne, Bouchu,
n'eut garde de négliger un moyen aussi propice pour la réalisation de ses projets.

Il peut aussi paraître surprenant que d'aussi

insignifiants débats aient attiré, ne fût-ce que pour quelques instants, l'attention d'un aussi grand monarque que Louis XIV, parvenu à l'apogée de sa puissance militaire, politique, administrative. Les traités de Nimègue, signés respectivement les 12 août, 13 décembre 1678 et 5 février 1679 par les Pays-Bas, l'Espagne l'Empire germanique, assuraient à la France la possession des Flandres, de la Franche-Comté, de l'Alsace, marquaient le déclin, dans tous ses apanages, de la maison d'Autriche, affirmaient un protectorat à peine déguisé sur l'Angleterre, régie par les Stuart, et semblaient condamner à tout jamais les ambitieuses visées du prince d'Orange, le futur Guillaume III. Mais la centralisation gouvernementale était déjà si fort avancée sous l'ancien régime, que toutes les questions étaient directement soumises au souverain, les moindres contestations provinciales, comme les plus hautes affaires européennes.

« Monsieur » écrit Bordier, le 10 avril 1676, au syndic Lullin, « Celle-cy est pour vous don-
« ner advis qu'il y a quelques iours que i'ay
« rendu à Monsieur Colbert, à Saint-Germain,
« les lettres que Nosseigneurs m'avaient fait
« l'honneur de m'adresser pour luy, ie luy dis

« qu'elles étoient concernant quelque difficulté
« qu'ils avoient avec le fermier des gabelles
« du Lyonnois, à quoy il me répondit : d'abord
« Messieurs de Genève n'ont rien à desmesler
« avec le fermier des gabelles. Je luy dis que
« c'estoit au suiect de quelques maisons dans
« le pays de Gex qui ont le droit d'user de
« leur sel, et le suppliay de ne permettre pas
« qu'il fut rien ordonné à leur préiudice, que
« premièrement ils n'eussent le temps de l'in-
« former de leurs droits ; il me dit là-dessus
« qu'il veyroit leur lettre. »

« Monsieur », continue Bordier, le 7 octobre
1676, « J'aurois eu l'honneur de faire plus
« promptement réponse à votre lettre du 25
« aoust dernier, n'étoit que ie voulois aupara-
« vant tascher de découvrir si les fermiers des
« gabelles du Lyonnois poursuivoient quelque
« arrest contre la Seigneurie : i'ay fait ce que
« i'ay pû pour en apprendre quelque chose,
« mais, ceux à qui ie m'en suis enquis, ne m'en
« ont rien sçeu dire ; seulement i'ay appris que
« la ferme desdites gabelles du Lyonnois se
« publioit au Conseil il y a quelques semaines,
« et depuis on m'a dit qu'elle avoit été adiugée
« à ces mesmes qui la tenoient. Si ie puis ap-
« prendre quelque chose qui mérite de vous

LOUVOIS

TURENNE

Collection du South Kensington Museum.

« en donner advis, ie ne manqueray pas à le
« faire. »

Nous lisons dans une lettre adressée, le 12
mai 1677, à Du Puy :

« Monsieur. Je ne doute pas que Monsieur
« votre fils ne vous fasse une relation fort
« exacte de tout ce qui s'est passé icy dans les
« affaires, dont feu Monsieur Roset avoit été
« chargé et qu'il ne vous fasse connoître
« qu'elles n'estoient pas aussi faciles à termi-
« ner, comme on se l'estoit peut-estre persuadé
« de delà ; ie vous assure, Monsieur, que sans
« la faveur de Monsieur le colonel Stoupp et
« les puissantes sollicitations qu'il a faites,
« nous aurions de la peine d'en sortir avec
« quelque succès ; ce n'est pas qu'il n'y ait en-
« core beaucoup de difficultés pour vos villages
« et maisons de St-Victor et Chapitre, des-
« quelles on ne veut pas que vous soyez sou-
« verains ; mais il me fait espérer qu'avec un
« peu de patience, elles suivront le même che-
« min que les villages de Chancy et Avilly.
« Il m'a prié de vous écrire qu'il souhaitteroit
« que Messeigneurs luy envoiassent un mé-
« moire exact de la quantité du sel qui se con-
« somme en ces lieux-là, afin qu'il en puisse
« informer Sa Majesté, d'autant qu'il n'y aura

« que le peu de conséquence de la chose qui
« fera qu'on vous laisse en repos. Il partit
« avant hyer pour s'en retourner à l'armée,
« mais, avant que s'en aller, il fut voir un de
« ces Messieurs de la gabelle, nommé Mon-
« sieur Sandrié, pour luy faire plainte des vio-
« lences que leurs gardes ont exercé dans le
« village de Moins, il leur laissa les informa-
« tions que vous m'avez fait faire et luy dit
« que ie l'irois voir le lendemain pour avoir
« réponse là-dessus. Je n'ay pas manqué d'y
« aller, il m'a receu fort civilement et témoi-
« gné qu'il avoit veu les dites informations,
« qu'il croioit qu'on grossissoit un peu les cho-
« ses et que pourtant il n'y avoit que quelques
« pots de terre cassés, qu'ils n'entendoient
« pas que leurs gardes fissent des violences
« et qu'il ne manqueroit pas d'en écrire pour
« les arrester. Voilà, Monsieur, la réponse
« qu'il m'a faite. Je ne croy pas que nous
« puissions voir une fin de cette affaire avant
« la fin de la campagne, cependant il est né-
« cessaire que, sans aucun délay, Messieurs les
« Cantons protestans en fassent de fortes ins-
« tances auprès de Monsieur l'Ambassadeur
« de France, car il n'y a rien à négliger. Je
« demanday à Monsieur le colonel s'il croioit

« qu'on nous donnast quelque arrest ou décla-
« ration du Roy, qui cassast l'ordonnance du
« sieur Bouchu, mais il me dit que non et
« qu'on se contenteroit simplement de faire
« retirer les dits gardes et vous laisser en re-
« pos. Je luy dis que, si on ne faisoit pas autre
« chose, que vous ne seriés pas assurés d'y
« demeurer longtemps, et que, tant que cette
« ordonnance subsisteroit, les fermiers nous
« pourroient entreprendre de nouveau, quand
« il leur plairoit, à quoy il me répondit que
« peut-être pourrions-nous obtenir la confir-
« mation de la déclaration de Henri IV. En-
« fin, voilà, Monsieur, à quoy en est cette
« affaire, pour laquelle il faut avoir de la pa-
« tience. Je n'ay pas encore eu la réponse à la
« lettre que Messeigneurs ont écritte au Roy
« d'Angleterre, mais le secrétaire de Monsieur
« l'Ambassadeur a pris mon nom et ma de-
« meure par écrit et promis que, dès aussi tost
« que Son Excellence l'auroit receue, on ne
« manqueroit pas de me l'envoier. Vous au-
« rés, s'il vous plaist, la bonté, Monsieur, d'en
« donner advis à Messeigneurs. »

La correspondance avec Du Puy se poursuit
le 17 mai 1679.

« Monsieur, j'ay receu la lettre que vous

« m'avez fait l'honneur de m'écrire et le mé-
« moire concernant l'assignation donnée à
« Messeigneurs par le sous-fermier des domai-
« nes de la généralité de Bourgogne, i'ay receu
« aussi celle que Monsieur de Grandval a écritte
« en leur faveur à Monsieur Dumas, je la luy
« ay rendue ce matin et luy ay expliqué l'affaire
« conformément à votre mémoire. Il m'a dit
« qu'ils n'entendoient pas que leurs sous-fer-
« miers étendissent leurs prétentions au delà
« du pouvoir que leur donnent les déclarations
« du Roy, qu'ils ne manqueront pas d'en par-
« ler dans leur assemblée ; qu'il me conseilleroit
« cependant de m'adresser à Monsieur Bourlon
« qui est un des sous-fermiers de la dite géné-
« ralité, qui connaîtroit sans doute le sieur Go-
« guery et auroit peut-être entendu parler de
« cette affaire. J'ay été chez luy pour le voir
« et, ne l'aiant trouvé, j'ay donné un mémoire
« à un de mes amis (qui est de ses intimes) qui
« m'a promis de l'en entretenir. Je crains que
« cette affaire, quoique de peu de conséquence,
« ne donne de la peine, car ces Messieurs les
« intéressés ne feront rien en notre faveur sur
« notre simple rapport et croiront toujours que
« ceux qui agissent de delà pour Eux, ne font
« pas les choses sans raison et sans connais-

« sance de cause. Je verray au premier iour ce
« que Messieurs Dumas et Bourlon me diront.
« J'ai donné pour chascun d'eux un mémoire,
« afin qu'ils s'en puissent expliquer dans leur
« assemblée, et ie ne manqueroy pas à vous
« donner advis de ce que i'en auray appris.
« S'il vous estoit possible, Monsieur, de n'avoir
« rien à demesler par deça, je vous trouverois
« bien heureux, vous en sçavez les longueurs
« et le peu de satisfaction qu'on en a eu jusqu'à
« présent, c'est pourquoy il vous sera toujours
« plus advantageux de terminer les affaires sur
« les lieux, si vous le pouvez, que de les porter
« icy. Je vous prie me conserver l'honneur
« de votre amitié et assurer, Messeigneurs,
« que ie m'emploieray avec joye pour leur ser-
« vice dans les occasions qui s'en présente-
« ront.

« Monsieur », écrit sur le même sujet, le 22
novembre 1875, Bordier à Du Puy, « je vous
« ai mandé par ma précédente que j'avois fait
« donner à Messieurs Dumatz et Bourlon un
« mémoire, concernant l'affaire dont vous
« m'avez fait l'honneur de m'écrire et que je
« le verrois, pour sçavoir ce qui auroit été ré-
« solu en leur assemblée. Ce matin j'ay été
« chez ce dernier avec un de mes amis et des

« siens, il m'a dit que, vendredi dernier, il écri-
« vit pour savoir ce que c'étoit que cette affaire,
« que, dès aussitôt qu'il en auroit réponse, il
« m'en feroit connoistre et me donneroit toute
« la satisfaction que je pouvois souhaiter. Ce
« sont de bonnes paroles, pourvu qu'elles soient
« suivies des effects. Quoyque c'en soit, comme
« il a beaucoup de considération pour la per-
« sonne avec laquelle je le suis allé voir, j'es-
« père qu'il me tiendra ce qu'il m'a promis. Il
« m'a dit encore que je fusse en repos de ce
« côté-là et que l'assignation ne seroit point
« poursuivie. Vous aurés, Monsieur, la bonté
« s'il vous plaist de le faire sçavoir à Messei-
« gneurs et je ne manqueray pas à revoir le dit
« sieur, dans le temps que je jugeray qu'il en
« pourra avoir réponse. »

La dernière pièce du dossier, datée du 24
novembre 1680, se rapporte encore à cette interminable série de vexations infligées dans le
pays de Gex, aux marchands genevois, par les
agents fiscaux français.

« Monsieur mon cousin, ce mot n'est que
« pour vous dire que je reçeus hier une lettre
« de Messieurs Gallatin et Mallet, accompa-
« gnée d'une autre de Nosseigneurs, pour Mon-
« sieur Colbert de Croissy et d'une pour moy,

« par lesquelles ie suis prié de rendre celle
« pour le dit seigneur de Croisy et solliciter
« auprès de luy la mainlevée de dix balles de
« marchandises qui leur ont été saisies passant
« par le Daufiné, à cause que les douaniers
« prétendent qu'on les doit venir consigner à
« leur bureau où les droits sont plus forts. Sur
« cela, il est vray que i'ay ouy dire que les fer-
« miers avoient depuis quelque tems obtenu un
« arrest en leur faveur à cet effet. S'il n'y avoit
« qu'à rendre la lettre pour en avoir la mainle-
« vée, ie le ferois très volontiers et serois allé à
« Versailles dès aujourd'huy ; mais, comme
« c'est une affaire plus difficile et d'une plus
« longue sollicitation qu'ils ne croient, il seroit
« inutile de faire cette dépense pour en demeu-
« rer là. Ces Messieurs doivent être persuadés
« que le Conseil ne relaschera pas leurs mar-
« chandises sans connaissance de cause et sur
« une simple lettre de recommandation. Le
« plus sûr seroit qu'un d'Eux vinsse icy les sol-
« liciter, en cas qu'ils ne le puissent accommo-
« der sur les lieux, ou y envoyer une personne
« d'affaire qui en prenne le soin ; ou, s'ils iugent
« que ie les puisse servir en cela, ie tâsche-
« ray à trouver quelque honnête homme qui
« n'abandonnera pas Versailles ou St-Ger-

« main, qu'il n'ait un refus ou une expédition,
« mais cela ne se pourra pas faire sans beau-
« coup de frais, c'est pourquoy ils me feront
« sçavoir, s'il leur plaist, leur volonté ; et cepen-
« dant il faut qu'ils tiennent de delà les affai-
« res en haleine, aussi bien, quoy que l'on
« fasse, ne se termineront-elles pas icy bien
« promptement, où les moindres trouvent
« beaucoup de difficultés et de longueur. Un
« marchand de mes amis, que vous connois-
« sez, en a une depuis assez longtemps, à peu
« près de la même nature, pour un vaisseau qui
« luy a été saisi mal à propos et contre tous les
« règlemens. Cependant il n'en peut obtenir
« la mainlevée, quoy qu'il ait fait divers voya-
« ges à Fontainebleau et à St-Germain, où il a
« quelquesfois demeuré des dix et douze jours
« de suite, et ie ne croy pas qu'il en soit encore
« dehors. »

Peut-être nous reprochera-t-on d'avoir ana-
lysé trop longuement cette correspondance,
mais il nous a paru instructif de montrer, par
l'exemple d'un simple négociant, à quel degré
de culture politique les Genevois du XVIIme
siècle étaient parvenus par le strict accomplissement de leurs devoirs. Parmi les nombreuses
qualités de Jacques Bordier, deux lui sont com-

munes avec tous les bourgeois de vieille roche
et de pur sang autochtone : l'économie et le
désintéressement.

« Pour ce qui est des petits frais que j'ay fais
« à la poursuite de l'affaire contre le curé de
« Saconnez, » écrit-il le 7 octobre 1676 à Du
Puy « i'en donnay un mémoire à Monsieur
« Isaac Bordier, mon cousin, à son départ de
« Paris, ie croy qu'il en a retiré le paiement et
« qu'ainsi il ne m'est rien deut davantage.
« Quant à Monsieur Desgallinières, il est vray
« qu'il a fait beaucoup de voyages à Versailles
« et à St-Germain, et plusieurs mémoires et
« requestes, il se contentera assurément de ce
« qu'il plaira à Nosseigneurs de luy donner. Je
« suis certain que ce qu'il a fait, ça a été plus
« par inclination qu'il a à les servir que par in-
« térest, ainsi ils en useront comme ils le trou-
« veront à propos. »

Ajoutez aux qualités susdites la dignité du
caractère, la sévérité des mœurs, une application constante au travail, un bon sens relevé de
finesse, et vous comprendrez que ce modeste
bourgeois ait pu traiter des affaires de son pays
sans trop de désavantage avec un aussi grand
ministre que Colbert, d'aussi experts diplo-
mates que Messieurs de Pomponne et de

Croissy. Si vous eussiez interrogé le principal mobile de son activité, il l'aurait placé très haut et vous aurait répondu comme son compatriote, le jurisconsulte Barthélémy Lect, envoyé par la Seigneurie à St-Germain, précisément à la même époque et pour discuter de l'installation d'une chapelle catholique dans l'hôtel du résident :

« Je loue Dieu, qui m'a fait la grâce de me
« conserver dans cette vocation tout autant et
« beaucoup au delà de ce que je pourrais me
« promettre de mon peu de bon sens et de ma
« mémoire, mais il faut croire que, lorsqu'il
« s'agit de la gloire de Dieu, il nous met dans
« la bouche ce que nous avons à dire, quand
« nous nous présentons devant les grands de la
« terre. »

Une dernière joie fut réservée à Jacques Bordier pendant sa verte vieillesse, celle d'assister au mariage de sa fille aînée Madeleine avec son neveu Petitot, qui portait le prénom paternel de Jean et avait choisi la même profession artistique. La cérémonie, qui eut lieu en 1683, fut une des dernières célébrées dans le temple de Charenton. Dieu épargna au vaillant Huguenot la douleur d'assister à la ruine de toute son activité diplomatique. La mort le

prit à Blois dans une maison qu'il avait héri-
tée de son beau-père Sulpice Cuper, en 1684,
une année avant la révocation de l'Edit de
Nantes.

Le Conseil de Genève reconnut, par un dernier hommage, les longs services rendus par
son habile et loyal serviteur. Nous lisons dans
les Registres, en date du 1er septembre 1684.

« Sr Jacques Bordier, estant décédé en sa
« maison à Bloys, a esté mis en délibération
« si on doit tesmoigner à sa vefve la part
« que le Conseil prend à son affliction, en con-
« sidération des services qu'il a rendus à l'Es-
« tat. A esté ordonné à noble Jean Du Puy,
« secrétaire d'Estat, d'escrire à la dite Dlle une
« honeste lettre sur ce sujet, et la lettre a été
« approuvée, et il a été trouvé qu'on pourroit
« se servir du Sr Petitot, gendre du dit Sr Bor-
« dier, en nos affaires à la Cour. »

La copie de cette pièce n'existe pas aux Archives. D'après leur érudit et obligeant directeur, M. Dufour-Vernes, elle devait être fort
courte et avoir été écrite séance tenante. Jean
Petitot, qui avait succédé à son beau-père dans
ses fonctions d'agent officiel de la République
de Genève auprès du Cabinet de Versailles,
remercia le Conseil, au nom de la famille Bor-

dier, par une lettre datée de Paris, 18 janvier 1685, et adressée au secrétaire Du Puy.

« Monsieur, ayant attendu tousiours le des-
« part de Monsieur notre cousin Bordier, a fay
« que i'ay demeuré si longtemps à vous remer-
« cier de l'honneur que vous avez fait à ma
« tante Bordier, de la part de nos Seigneurs,
« sur la mort de feu mon oncle, son mari.
« Celle-cy vous supplie très-humblement,
« Monsieur, de la part de toute sa famille, et
« pour moy en particulier, de leur en faire mes
« très humbles remerciements et les prier de
« nous continuer en mémoire du deffunt l'hon-
« neur de leur bienveillance, puisque personne
« ne peut être avec plus de respect et à vous
« que je suis, Monsieur, vostre très-humble et
« très obéissant serviteur.

J. Petitot, fils. »

Jacques Bordier avait laissé une nombreuse famille[1] dont huit membres étaient déjà morts en bas-âge. Nous mentionnerons parmi ceux qui lui survécurent deux fils : Jean-Baptiste, né à Paris, le 3 décembre 1654, venu à Genève en 1690 pour ses études académiques, inscrit sur

---

[1] Théophile Dufour. *Notice généalogique sur la famille Bordier, de Genève.*

le livre du Recteur sous la dénomination de Johannes Baptista Bordierus Parisiensis, réfugié à Groningue, dans les Pays-Bas, en 1691 ; Etienne, né à Paris le 22 janvier 1657 et cité dans un document en 1673, et trois filles : Madeleine, née à Paris le 8 mai 1658, épouse de son cousin germain, Jean Petitot, morte à Genève le 11 janvier 1736 ; Anne, baptisée à Charenton le 29 octobre 1662, enfermée comme hérétique au For l'Evêque en 1686 en même temps que son oncle Petitot, réfugiée à Genève où elle mourut célibataire le 17 mai 1753 ; Marie, également prisonnière pour cause de religion et délivrée en décembre 1684 pour récompense de son abjuration momentanée, revenue à la foi de ses ancêtres après s'être réfugiée, en 1695, à Groningue, ainsi que son époux Théodore Le Roux de Rode. Nous les retrouvons tous deux fixés à Londres en 1716.

VII

La maison de commerce, fondée à Paris par Bordier et Petitot, prospéra grâce à leur application et à leur entente des affaires, mais l'honnête aisance, qu'elle leur procura, n'offre rien de commun avec la fortune colossale qu'ils auraient amassée, d'après une tradition relevée pour la première fois par Senebier et reproduite par J.-J. Rigaud. Les deux modestes émailleurs genevois du XVIIIme siècle seraient en effet devenus millionnaires, ni plus ni moins que quelques-uns des peintres actuels, qui bénéficient de la mode dans leurs somptueux hôtels des Champs-Elysées.

Il suffit, pour se convaincre de la fausseté de cette légende, d'ouvrir le *Journal* de Petitot.

« Encore que vous ayez pu recognoistre en
« moy beaucoup de défauts, ie ne laisserai pas de

« croire, que vous aurez aussi observé que vous
« estes enfants d'un père, qui n'a rien épargné,
« suivant son pouvoir, à subvenir à toutes les
« choses nécessaires pour vostre entretien et
« vostre éducation ; en quoy vous devez reco-
« gnoistre la grâce que Dieu vous a faite. Je
« ne puis vrayment vous laisser que peu de
« biens selon le monde, mais je vous laisse
« pour héritage l'alliance de Dieu et sa béné-
« diction.

« Ne soyez point convoiteux des richesses de
« ce monde et ne faites pas cas des hommes,
« selon qu'ils sont riches, mais selon qu'ils sont
« vertueux. Cette convoitise est la peste des
« esprits et la racine de tous maux ; c'est une
« sangsue insatiable qui ne dit jamais : C'est
« assez. La nature se contente de peu et la piété
« encore de moins ; mais la convoitise n'a point
« de fin. Les biens de ce monde sont une glace
« qui ne porte pas et se fond entre les mains.
« La fallace des richesses enveloppe plusieurs
« et les perd. Le monde passe et ses convoi-
« tises, mais, qui faict les volontés de Dieu,
« demeure éternellement. Soyez donc sainte-
« ment avaricieux, amassans en théorie de
« bonnes œuvres qui vous suivront, quand vous
« sortirez de ce monde. Et combien que vous

HORTENSE MANCINI

ANNE DE GONZAGUE

Collection du Louvre.

« soyez pauvres, ne laissez pas de donner
« l'aumosne, car Dieu ne regarde pas tant à
« la grandeur du don, qu'Il regarde de com-
« bien il est pris, et à la charité sans feintise
« et par laquelle l'homme craignant Dieu croit
« recevoir, quand il donne, et estime qu'il y a un
« grand gain en la diminution de son argent,
« pour ce que Jésus-Christ se constitue débi-
« teur de nos aumosnes et que, celuy qui donne
« au pauvre, preste à usure à Dieu. Par ce
« moyen vous vous acquérez toute l'amasse de
« vos biens et l'usage en deviendra légitime, de
« même que, sous l'Ancien Testament, toute la
« récolte de l'année étoit consacrée par les pré-
« mices.

« En matière de biens de ce monde, ne vous
« comparez point avec de plus riches que vous,
« de peur de devenir envieux. Comparez-vous
« plutôt avec ceux qui sont plus pauvres que
« vous, afin que vous ayez sujet de rendre
« grâces à Dieu, de ce qu'il vous traite plus
« doucement qu'eux et avec plus d'abondance,
« mais, en matière de vertu, de sagesse et de
« sçavoir, comparez-vous avec ceux qui sont
« meilleurs que vous, afin de vous humilier, et
« taschez de vous conformer à leur exemple. »

Les gains commerciaux de Petitot furent en

effet affectés à l'éducation et à l'entretien de sa très nombreuse famille. Marguerite Cuper ne lui avait pas donné moins de dix-sept enfants, dont la dernière, Marie, naquit le 14 juin 1674, l'année même où fut entrepris le *Journal*. Les foyers abondamment bénis ne furent point rares à Genève pendant le XVIIme et le XVIIIme siècles. Si je feuillette le *Jubilé de famille*, j'y rencontre un cousin de Jacques, Guillaume, né en 1669, époux en 1706 d'une belle et forte femme, Olympe de Choudens, dont la vigueur et les charmes ne furent point altérés, à en juger son portrait, par la venue successive de dix-sept héritiers. Ainsi procédaient gaillardement nos pères dans le bon vieux temps.

La généalogie de Petitot a été établie soit par Henri Bordier dans la deuxième édition de la *France Protestante,* article Bazin, soit par M. Louis Dufour-Vernes, dans la *Descendance genevoise de la Mère Royaume.* De ses quatre fils à nous connus, l'aîné, Jean, né à Blois le 2 janvier 1652, agent de la République à Paris après la mort de son beau-père Jacques Bordier, vécut depuis la Révocation, soit à Genève, soit à Londres; le deuxième, Paul, dit Petitot de la Place, fit sa carrière militaire en France dans le régiment suisse de

Zurlauben; le troisième, Estienne, s'établit à Genève; le quatrième, François, partagea la captivité de son père, l'accompagna dans sa fuite hors de France, émigra en Irlande et testa à Dublin par un acte daté du 1er octobre 1753. Parmi les cinq filles de Petitot, Charlotte, Anne-Madeleine et Marie épousèrent respectivement Auguste de Jaspoix, écuyer, Jean-Louis Larmande, Jean Bazin de Limeville. Deux autres, Jeanne et Madeleine, sont simplement nommées sans indication plus précise. Les autres enfants durent mourir en bas-âge. Les Petitot, Larmande et Bazin s'allièrent, par une série de mariages, aux familles genevoises ou suisses de May, de Rameru, Lasserre, Sautter, de la Rive, Guiguer de Prangins, Fatio de Duillier.

Revenons au *Journal*. Les réformés français du XVIIme siècle, malgré les fortunes considérables amassées par quelques-uns d'entre eux, vivaient néanmoins dans une situation des plus instables, à cause des taxes et des confiscations arbitraires, dont ils étaient sans cesse menacés par le gouvernement. L'étroite solidarité, qui les unissait entre eux, comme les membres d'une seule et même famille, leur imposait de lourdes charges pécuniaires, car ils exerçaient joyeusement la bienfaisance sous toutes ses formes et pratiquaient, en particulier, la plus large hospitalité à l'égard des indigents, des spoliés, des proscrits. Il nous plaît de citer sur ce point un témoignage significatif, puisqu'il émane d'un adversaire déclaré :

« La pauvreté parmi nos hérétiques, » affirme en effet Bourdaloue, » n'était ni négligée ni « délaissée. Il y avait entre eux non seulement « de la charité, mais de la police et de la « règle dans la pratique de la charité. Soyons « de bonne foi et ne leur refusons pas la jus- « tice qui leur est due. En certaines choses ils « nous ont dépassés. Ils ont eu de l'érudition, « de la science. Ils ont été charitables envers « les pauvres, sévères dans leur morale. »

Nous ne vivons pas assez intimement, par la pensée et par le cœur, avec nos pères spirituels, nous ne maintenons pas, avec une assez jalouse sollicitude, les liens d'une étroite et pieuse solidarité. Considérons les écrivains religieux du grand siècle. Les catholiques cultivés n'en dédaignent pas aujourd'hui la lecture. Si Mme de Sévigné goûtait un égal plaisir dans la société d'Arnauld et de Bourdaloue, son héritière au XIXme siècle pour la franchise primesautière et la grâce épistolaire, Mme de Rémusat, soutenait de brillantes joutes avec son fils en l'honneur de Du Guet et de Quesnel. Un critique aussi raffiné que Sylvestre de Sacy se plaisait à relire, chaque année, le *Grand Carême* de Massillon dans un exemplaire relié en maroquin rouge, de la belle édition publiée en 1810 par Renouard. « Chacun, » dit-il avec un charme exquis, « a sa dévotion d'inclination « et de préférence. La mienne, que je ne « donne pas pour la meilleure, est de méditer « le plus littérairement que je puis et de pro- « fiter de toutes les fêtes de l'année pour re- « lire, tantôt quelques bonnes pages de Ni- « cole, tantôt un sermon de la vieille chaire « française, illustrée par les grands orateurs « du XVIIme siècle. »

Pourquoi n'en agirions-nous pas de même avec nos classiques huguenots et ne nouerions-nous pas solide connaissance avec Claude, Saurin, Du Bosc, Jurieu, Superville ? Pourquoi surtout ne remonterions-nous pas à l'époque créatrice et n'entretiendrions-nous pas un commerce régulier avec Calvin et Viret, Duplessis-Mornay et Hotman, Agrippa d'Aubigné et Théodore de Bèze ? Si l'occasion ou le loisir nous manquaient pour les lire dans les éditions originales, imprimées sur un beau et fort pa-

pier, pourvues de vastes marges, superbement
reliées, distinguées par une exécution typogra-
phique irréprochable et, mérite supérieur à
tous les autres, parvenues jusqu'à nous dans
un nombre rarissime d'exemplaires, nous pour-
rions tout au moins en prendre un attrayant
aperçu dans les ingénieuses et substantielles
études qui lui ont été consacrées par Sayous
et Vinet. Mon excellent maître, Etienne Chas-
tel, me racontait un jour que son ami et col-
lègue, Edouard Diodati, employa une semaine
de Pâques à parcourir une volumineuse collection de prédicateurs qui occupait les rayons de
sa bibliothèque alignés vis-à-vis de son fau-
teuil. Jamais vacances, au dire de l'honorable
professeur, ne se passèrent plus agréablement.
Edmond Scherer a eu tort, lorsqu'il a prétendu, dans une boutade répétée à satiété
par les incrédules littéraires de bas étage,
que le sermon était un genre faux. J'en con-
nais, sans sortir de la période contemporaine,
plusieurs recueils, aussi remarquables par la
vigueur des pensées et la justesse des observa-
tions que par la netteté de la méthode et la
correction du style.

Quant aux pièces historiques, quant à ces
opuscules dont l'origine doit être cherchée

dans un acte de foi et non dans un vain exercice de rhétorique : *la Confession sur les principaux Points de la Foi Chrestienne, présentés à la Cour du Parlement de Paris par Anne du Bourg, conseiller de la dite Cour, estant pour lors prisonnier pour la déffence de la Parolle de Dieu,* les histoires des *Souffrances des bienheureux Martyrs; Jean Bion, Isaac Le Fèvre, Pierre Néau, Louis de Marolles;* les *Mémoires d'un Protestant condamné aux galères de France,* par Marteilhe de Bergerac ; la *Lettre Apologétique* du pasteur Claude Brousson à l'intendant du Languedoc Basville, la *Relation des principaux événements qui sont arrivés à la Religion protestante depuis la Révocation jusqu'en 1728,* par Pierre Corteiz, nous croirions leur faire injure, en déclarant qu'ils l'emportent pour l'intérêt dramatique sur les fictions les plus émouvantes et les plus habiles. Nous dirons seulement qu'après la Bible nous ne connaissons pas de lecture plus édifiante et plus réconfortante.

Le *Journal* de Petitot évoque, avec une scrupuleuse exactitude, l'image de ces bourgeois du XVIIme siècle, qui, en France, ne suivirent point la noblesse dans son retour intéressé à l'ancien culte, mais restèrent fidèles aux croyances évangéliques, en dépit de toutes les sollicitations, comme de toutes les menaces, tandis qu'à Genève ils défendirent, avec une opiniâtre bravoure, leur indépendance territoriale et maintinrent leurs franchises civiques au prix des plus rudes sacrifices. Certains de leurs descendants, lancés à pleines voiles dans les eaux du libéralisme humanitaire, croient se montrer perspicaces, vis-à-vis d'une démocratie agressive, par la répudiation dédaigneuse ou timide d'un illustre passé. Nous rendons volontiers hommage à la sincérité et à l'éloquence de quelques-uns des coryphées du Néo-Christianisme social, mais nous les tenons pour les victimes des plus dangereuses illusions, lorsqu'ils se flattent, en prêtant imprudemment les mains à une révolution économique, de ramener au sentiment religieux un radicalisme foncièrement incrédule. Si, au lieu de se laisser séduire par des phrases sonores et de fallacieuses hypothèses, ils étaient capables d'accorder quelque attention aux enseignements de l'histoire, ils sauraient que, chez les nations, qui se sont volontairement soumises à la bienfaisante discipline de la Réforme, il se forma ou se consolida un tiers état instruit, laborieux, sévère dans ses mœurs, dévoué dans l'accomplissement de ses devoirs. Si varié que soit aujourd'hui leur organisme politique, toutes, la Suisse comme la Hollande, l'Angleterre comme l'Allemagne, les Etats-Unis comme les pays scandinaves, ont marché, d'une allure ferme et sage, sur la route du progrès et ont vu continuellement s'accroître la somme de leurs libertés, tandis que les peuples, qui n'ont pas réussi à s'affranchir du joug de Rome. demeurent condamnés à une agitation stérile, ballottés comme ils le sont sans cesse entre le despotisme et l'anarchie.

Les différentes vertus recommandées par Petitot à sa famille, vertus pratiquées par lui dans toute leur étendue et non pas seulement célébrées du bout des lèvres, découlent des Saintes Ecritures, comme le fleuve de sa source. La Bible fut, en effet, pour lui comme pour les Huguenots de France, les Puritains d'Ecosse et tous les autres fils spirituels de Calvin, le livre par excellence, le seul qui instruit et redresse, fortifie et console, le seul qui, selon la promesse de l'Apôtre, engendre la foi, inspire la charité et communique l'espoir. Cette fidélité est d'autant plus méritoire chez un artiste, que son métier exposait à toutes les séductions mondaines, au peintre attitré de la duchesse de la Vallière, de la marquise de Montespan et de toutes les grandes dames de la cour de Louis XIV.

Nous aimons à nous représenter Bordier et Petitot le soir, après le travail de l'atelier, dans leurs vieilles maisons de Paris ou de Blois. Dans la grande salle, à la place d'honneur, figure la Bible, probablement un vénérable in-folio emporté de Genève, de façon à ce que le lien religieux fut toujours gardé avec la mère patrie, et sorti des presses de François Perrin ou de François Jaquy, des de Tournes ou des Estienne.

Que l'exemplaire portât la vignette du semeur ou du guerrier armé du glaive de l'esprit, de l'olivier ou de la porte étroite, ou qu'il affectât la forme plus commode et plus élégante de l'in-8° choisie par Mathieu Berjon en 1605, le contenu demeurait identique : après les Saintes Ecritures venaient les Psaumes de David, mis en rimes françoises par Clément Marot et Théodore de Besze ; la Forme des Prières Ecclésiastiques avec la Manière d'administrer les Sacremens et célébrer le Mariage et la Visitation des Malades ; le Catéchisme, c'est-à-dire le Formulaire d'instruire les Enfans en la Chrestienté, fait en manière de Dialogue où le Ministre interrogue et l'Enfant respond ; la Confession de Foy faite d'un commun accord par les François qui désirent vivre selon la pureté de l'Evangile de nostre Seigneur Jésus Christ. La première page portait toujours également la même suscription : la Bible qui est toute la Sainte Escriture du vieil et du nouveau Testament, autrement l'Ancienne et la Nouvelle Alliance, le tout reveu et conféré sur les textes hébrieu et grec par les Pasteurs et Professeurs de l'Eglise de Genève.

Peut-être les deux amis se servaient-ils, pour leurs lectures quotidiennes, d'une édition en trois volumes in-12°, dite de Charenton, imprimée par Pierre Des Hayes en 1652 et ayant comme illustration un temple, sur le frontispice duquel apparaît, en lettres hébraïques, le nom de Jahweh, tandis que, de chaque côté, se dressent les statues de la Foi et de la Charité. Le libraire Antoine Cellier tenait boutique à Paris, rue de la Harpe, aux Gands Couronnés, près la Rose Rouge. Genève ne possédait pas en effet le monopole des impressions bibliques. De nombreuses éditions du Saint-Livre parurent dans diverses villes de France pendant le XVIme et le XVIIme siècles, ce qui atteste à la fois le zèle pieux des lecteurs et l'activité pros-

père des typographes. J'en trouve une donnée
par Loys Rabier, à Orléans, qui joua un rôle si
important dans les guerres de Religion, une
deuxième par Jérôme Haultin, à La Rochelle,
la dernière place de sûreté conservée par les
Huguenots, une troisième par Jean Jannon, à
Sédan, siège d'une académie théologique célèbre et qui jouit d'une indépendance relative
sous les princes de Bouillon. Le petit format de
cette dernière convenait tout particulièrement
à des fidèles obligés sans cesse, pour échapper
aux galères, de prendre la route de l'exil.

Petitot continue dans son journal l'instruction morale, qu'en Protestant convaincu, il avait
donnée à sa famille avec une sollicitude éclairée
et un zèle infatigable.

« Quand vous serez avancés en âge, ayans
« des enfans, vous devez conduire vos familles
« avec piété et prudence, vous donnant de
« garde de faire ou dire devant eux chose, en
« laquelle Dieu seroit offensé. Sans doute ils se
« formeroyent sur vostre exemple. Il n'y a rien
« qui s'imprime si avant dans les esprits
« tendres que ce qu'ils ont veu ou ouï dire à
« leurs père et mère. Il faut que les enseigne-
« mens entrent les premiers, qui doivent de-
« meurer les derniers. Nous empeschons nos

« enfans d'estre gauchers, mais il vaudroit
« beaucoup mieux les former à estre droituriers
« en leur conversation ; plusieurs forment la
« contenance de leurs enfans, sans former leur
« conscience à la piété et à la vertu. Plusieurs
« travaillent à amasser du bien à leurs enfans,
« mais ils ne leur enseignent pas à se servir de
« ces biens, comme il faut, et à les perdre vo-
« lontiers pour la cause de Dieu.

« Surtout il est nécessaire d'imprimer dans
« les esprits des enfans la haine du mensonge,
« car le mensonge sert de couverture à tous les
« autres vices. L'Apostre disant : « Depouillez le
« mensonge », parle du mensonge comme d'un
« manteau. Celuy qui s'astreint à ne mentir
« jamais, s'abstiendra de toutes actions qu'il
« faudroit couvrir en mentant ; par ce moyen,
« en chassant un vice de l'esprit de vos enfans,
« vous chasserez tous les autres. Combien c'est
« une chose excellente d'estre véritable en ses
« paroles, l'Escriture le montre en ce que, fort
« souvent, sous le mot de vérité, elle comprend
« toutes les vertus.

« Il faut aussi tascher de rabattre l'orgueil
« de vos enfans, car, de tous les vices, l'orgueil
« est le plus naturel et où l'homme a une plus
« forte inclination. C'est un excès de l'amour

« de soy-mesme. Ce vice rend les enfans re-
« belles et secouant le joug de toutes sortes de
« sujettions.

« Il faut empescher les enfans d'estre oisifs.
« Par l'oisivité les esprits s'engourdissent, et le
« corps se relasche d'une paralysie volontaire,
« et ce mal va tousiours en croissant. Les
« hommes oisifs deviennent pervers et insolens,
« comme chevaux trop reposés qui deviennent
« indomtables.

« Il les faut aussy nourrir sobrement. Ils en
« seront plus vigoureux et propres au travail ;
« s'ils tombent en pauvreté, ils seront accou-
« tumés à se passer de peu.

« En général, pour chacun de vous, mes
« enfans, fils et filles, que Dieu appellera en
« état de père et de mère de famille, banissez
« de votre maison toute mauvaise action, qu'il n'y
« ait rien chez vous qui soit injustement acquis.
« Il vaut mieux vivre d'aumosne que de rapine,
« perdre plutôt que de gagner injustement.

« Aimez-vous les uns les autres ; c'est l'en-
« seignement de nostre Seigneur. Aimez et
« honorez la personne qui m'est si chère, avec
« laquelle j'ay vescu en grande concorde et qui
« m'a tousjours esté en grande consolation et à
« vostre égard vrayement bonne mère. »

Le culte domestique était régulièrement célébré à cette époque dans toutes les maisons
huguenotes et suppléait fréquemment aux services publics en temps de persécution. Si fort
qu'il l'estimât, Petitot lui préférait, pour la nour-
riture de sa piété si simple et si mâle, les en-
tretiens intimes avec son Père Céleste.

« Vous obtiendrez de Dieu ces grâces, si vous
« les lui demandez par prières assiduelles.
« L'homme qui aime Dieu prend grand plaisir
« à parler à Luy. C'est un des grands effets de
« la bonté de Dieu, qui, comme il daigne parler
« à nous par sa Parole, aussi il veut que nous
« parlions à Luy par nos prières et nous promet
« de les exaucer.

« Par les prières, je n'entens pas seulement
« les prières du soir et du matin qui se font
« dans les familles, mais j'entens principale-
« ment celles qui se font en secret, qui sont
« poussées avec ardeur et suggérées par la
« nécessité, esquelles un homme, craignant
« Dieu, répand sans témoins devant Luy ses
« larmes et verse ses soupirs dans le sein de
« son Père.

« Telles prières fréquentes obligent l'homme
« à vivre saintement et à cheminer en la
« crainte de Dieu. Car tout ainsy que ceux

« qui ont l'honneur de parler souvent aux
« grands de ce monde, s'habillent honneste-
« ment, ainsi celuy qui par ses prières se pré-
« sente souvent à Dieu, qui est le Roy des rois,
« se sent obligé à se présenter à Luy en état
« décent et avec un cœur vuide d'orgueil, de
« haine et mauvaise convoitise, qui est le
« conseil de l'Apôtre d'élever à Dieu nos mains
« pures, sans ire et sans contention. Il n'est pas
« croyable, que celuy, qui, avec une vraye
« humilité, a demandé à Dieu la grâce de vivre
« saintement, se veuille incontinent porter à des
« actions contraires à ce qu'il a demandé.

« Faites qu'en vos familles la lecture de l'Es-
« criture soit ordinaire, que les louanges de
« Dieu y retentissent, que la prière y soit
« comme le parfum du soir et du matin, que
« vostre porte ne soit point fermée au pauvre,
« ny vostre oreille au cry de l'affligé. Si vous
« invitez quelqu'un à vostre table, suivez le
« conseil du Seigneur, qui veut que nous invi-
« tions plutôt les pauvres que ceux qui nous
« peuvent rendre la pareille.

« Que vos enfans soyent instruicts en la
« vraye religion par l'Escriture, afin qu'ils
« soyent prests à ceux qui, par raisons ou par
« menaces, les voudroyent détourner de Sa pro-

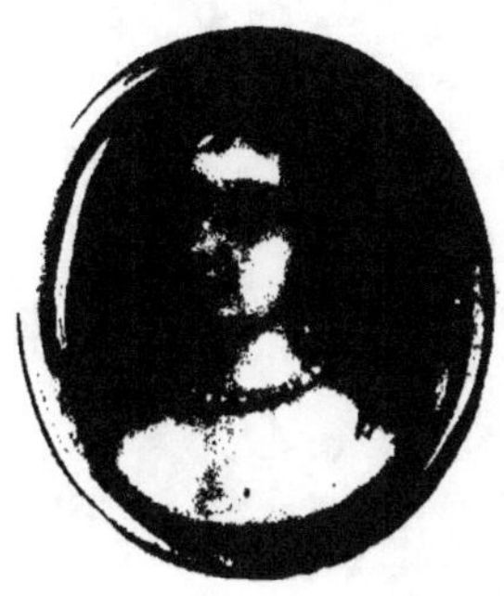

MADAME DE SÉVIGNÉ

MADAME DE MAINTENON

Collection du Louvre.

« fession. Il faut que, sortans de chez vous, ils
« soyent munis de forts préservatifs contre la
« contagion courante des vices et des erreurs.
« En un mot, il faut que vos familles soient de
« petites Eglises, et vos maisons comme de
« petits temples, où Dieu soit soigneusement
« servy. »

Les recommandations, adressées par Petitot à
sa famille pour la pratique des différentes vertus,
sont empreintes du pur esprit évangélique.

« Tous vos soucis doivent se tourner vers le
« soleil de Dieu. Soumettez-vous à la conduite
« de sa Providence. Reposez-vous en ses pro-
« messes, esjouissez-vous en son amour : il
« n'abandonne point ceux qui le craignent.

« Le commencement, mesme toute la subs-
« tance de la vraye sagesse, c'est la crainte de
« Dieu. Considérez que Dieu vous regarde
« tous les iours, qu'il sonde le secret des
« cœurs, qu'il est iuge de nos actions et que
« rien ne Luy est caché.

« Fondez en Luy seul vostre espérance, que
« sa grâce et son amour soient vostre consola-
« tion. Aimez ce que Dieu a fait, c'est-à-dire
« ses œuvres, et faites ce qu'il ayme, c'est-à-
« dire ses commandemens. Nous sommes icy
« estrangers et passants.

« Le luxe de ce monde ressemble aux espines
« fleuries : les fleurs tombent, mais les espines
« demeurent, lesquelles toutes fois Dieu rend
« salutaires à ceux qui le craignent et qui se
« fient en Luy.

« La bonne conscience aussy est un des
« principaux fondemens de la joye et du repos
« d'esprit. Si vous cheminez en bonne cons-
« cience et faites à autruy, comme vous vou-
« driez qu'on vous fist, vous jouirez d'un
« grand repos.

« Car vous ne serez point en peine de vous
« contrefaire par mensonges et mauvais arti-
« fices, vous ne serez pas de ceux qui ont
« la langue plus longue que les mains, qui
« promettent et ne font pas, qui ne disent ja-
« mais ce qu'ils font et ne font jamais ce qu'ils
« disent, et, ayant bonne conscience, vous pré-
« senterez à Dieu vos prières avec franchise et
« sainte liberté, vous marcherez la teste levée
« entre les hommes, pour ce que vous ne
« craindrez plus que rien vous estre injuste-
« ment reproché.

« Si on vous faict tort, vous aurez votre
« conscience et la fiance en Dieu pour vostre
« consolation. La conscience ne vous donnera
« point de coups de géhenne, ni de remords,

« quand la mort vous adjournera pour com-
« paroistre devant le siège judicial de Dieu.
« Nul n'a la paix avec soy-mesme, s'il ne l'a
« premièrement avec Dieu.

« Soyez débonnaires et affables, et non con-
« tentieux, soyez officieux envers tous, mais
« familiers et intimes avec peu de personnes,
« et qui soyent vertueuses, desquelles l'exem-
« ple vous serve et l'amitié vous soit en con-
« solation.

« Ne soyez point vindicatifs. Vengez-vous,
« des mauvaises paroles qu'on vous aura dites,
« par de bonnes actions ; suivant le conseil du
« Seigneur, rendez le bien pour le mal et bé-
« nissez ceux qui vous maudissent et outra-
« gent. Détournans vos yeux de ceux qui vous
« offensent, regardez à Dieu qui se sert d'eux
« pour vous éprouver et humilier. Ce sont des
« verges en la main de vostre Père Céleste,
« lesquelles nous ne devons pas Luy arracher
« de sa main. Et puisque Dieu s'appelle Luy-
« mesme le Dieu des vengeances, pourquoy
« voudrions-nous, en nous vengeant nous-
« mesmes, usurper sa charge et enjamber sur
« son autorité ?

« Ne soyez point vaniteux, ny grands par-
« leurs : les tonneaux vides retentissent plus

« que les pleins. Soyez parés d'humilité, reco-
« gnoissant vos imperfections et la corruption
« de vostre nature incline à mal ; considérez
« la brièveté de vos jours et la fragilité de vos
« corps, laquelle Dieu vous a faict sentir par
« plusieurs maladies, qui sont autant d'ajour-
« nemens. Vos corps sont une maison bran-
« lante dont il faudra bientôt déloger.

« L'envie est un mal général, une peste qui
« infecte le genre humain ; un vice qui ronge
« le cœur, qui seiche les os, qui punit juste-
« ment ceux qui se sont entachés. C'est un
« vice qui s'oppose tacitement à Dieu, car il
« trouve mauvais le partage que Dieu a faict
« et voudroit qu'il distribuast autrement ses
« bénédictions. Le lustre de la louange d'au-
« truy offence la veue de l'envieux. Il tord et
« tourne à mal les meilleures actions. Fuyez ce
« vice et, quand vostre prochain tombera en
« quelque faute, diminuez et excusez tout ce
« qui pourra être excusé. Charité couvre mul-
« titude de péchés. »

A ces recommandations inspirées par le plus
haut idéal religieux, en succèdent d'autres, qui
trahissent le négociant avisé, où perce le bon
sens inné chez tout bourgeois de la vieille Genève.

« A ces conseils auxquels la piété et nature
« vous oblige, il faut joindre les conseils de
« prudence, sans laquelle les meilleures ac-
« tions sont souvent inutilles et quelquefois
« nuisibles. Cette prudence enseygne à faire
« choix d'amis, à mesnager le temps et em-
« poigner les occasions, à mesurer ses forces
« et reigler sa dépense selon ses moyens, à
« parler peu, mais à propos sur tout, à ne
« mentir jamais, mais à ne dire pas tousiours
« toute la vérité et à se taire.

« Cette mesme prudence enseigne à n'estre
« point trop curieux et enquéreurs des affaires
« d'autruy, et à ne se point rendre juges des
« actions de nos prochains qui sont sujettes à
« interprétation.

« L'homme prudent gouverne ses affaires
« par ordre et sans confusion, en sorte qu'il
« n'y ait ny meuble, ny livre, ny papier, ny
« aucune chose qui serve, qui n'ait sa place et
« qu'on ne trouve aisément. En toutes ses al-
« lures il se propose un certain but et ne tire
« point à coup perdu.

« Cette mesme prudence incite l'homme à
« travailler, à fuir la négligence et le temps
« perdu, qui ne se retrouve jamais et aussy à
« ne point précipiter le travail, qui est se

« tourmenter sans avancer. Il est des esprits
« qui se hastent trop, comme des eaux rapides
« qui ne sont jamais claires.

« Travaillez à vostre vocation, sans bruit,
« remettant les événements sur la prudence
« de Dieu, le suppliant que, parmy les confu-
« sions civiles, son Eglise soit conservée et
« son pur service maintenu. Ne soyez point
« trop austères en vostre vie, ny trop délicats
« et curieux. Comme il ne faut pas donner à
« nos corps des choses superflues, aussi il ne
« faut pas leur refuser les choses nécessaires. »

L'idée dominante du *Journal* est celle d'une soumission joyeuse aux décrets de la Providence, si contraires qu'ils puissent être à nos plus chers désirs. Et ici nous saisissons l'influence souveraine exercée, par le dogme de la Prédestination, sur Petitot comme sur tous les fidèles disciples de Calvin. Contradiction étrange en apparence, insoluble en théorie, mais qui n'affectait en rien la pratique! Les mêmes hommes, qui se courbaient sans murmurer devant la volonté du Très-Haut, relevaient la tête après cet acte d'obéissance, se lançaient, dans les plus audacieuses entreprises, avec la certitude absolue de la réussite et affrontaient avec une tenace énergie les plus redoutables périls. Le fait historique est incontestable, si subtiles et si variées que puissent être les explications fournies par les différentes écoles théologiques. Petitot se montra le digne frère, par l'esprit, des soldats huguenots, qui entonnaient d'une voix mâle leurs vieux psaumes après la victoire comme après la défaite, au lendemain de Coutras et d'Ivry comme de Jarnac et de Moncontour, des Gueux de Hollande qui bravaient sur terre et sur mer toutes les forces de Philippe II et préféraient voir leur pays inondé par la rupture des digues et l'invasion de l'océan, plutôt que souillé par la perte de ses franchises séculaires et l'établissement de l'Inquisition, des Puritains qui, après avoir été ballottés pendant de longues semaines sur la *Fleur de Mai,* s'agenouillèrent en débarquant sur le rocher de Plymouth et, sûrs désormais de l'assistance divine, se lancèrent avec une calme hardiesse au travers des forêts des Alleghanys et des solitudes du Far West.

« Ayant tant de subjects de vous esjouir en
« Dieu, ne vous abandonnez point à la tris-
« tesse ; car, pourquoy quelques incommodités,
« que vous souffrez ou en vos corps ou en vos
« affaires, auroyent-elles plus de force de vous
« attrister, que la grâce de Dieu, et vostre

« adoption en Jésus Christ, et l'espérance du
« salut n'ont de force à vous resjouir et entre-
« tenir votre esprit en bonne assiette, veu que
« ces incommodités passent en peu de temps et
« que Dieu les rend profitables et change les
« maux en remède ? mais la grâce de Dieu et
« les effects de son amour demeurent à perpé-
« tuité. Il y a grand nombre de personnes qui
« sont incapables de joye, qui sont lasses d'estre
« à leur aise, qui ont tousiours les espricts pen-
« chans vers les choses futures, pour ce qu'ils
« sont dégoûtés des choses présentes. Ils tas-
« chent tousiours de changer de condition, mais
« ils se trouvent tousiours plus mal en la der-
« nière.

« Pour faire que vous jouissiez d'une vraye
« joye et possédiez un vray contentement d'es-
« prit, il y a deux moyens, assavoir la fiance en
« Dieu et l'intégrité de conscience.

« Pour dormir doucement, il n'y a point
« d'oreiller plus doux que de remettre ses
« soucis et ses craintes sur la *providance* de
« Dieu. Il veille pour nous pendant que nous
« dormons. Il nous couvre de sa main, Luy qui
« n'a point épargné son propre Fils, mais l'a
« livré à la mort pour nous. Comment ne nous
« élargiroit-il pas aussi toutes choses avec Luy ?

« Par vostre chagrin et souci vous ne pourriez
« d'un cheveu blanc en faire un noir, mais vous
« pourriez bien de plusieurs cheveux noirs en
« faire plusieurs blancs. Dieu ayme une pro-
« bité gaye, une joye non insolente, une sim-
« plicité prudente, une piété franche et sans
« feintise, qui ne tasche point de complaire aux
« hommes mais à Dieu, par laquelle un homme
« est bien au dedans et au dehors.

« La sage providence qui conduit toutes
« choses m'a appelé ailleurs[1] et m'a ramené icy
« au train de mon travail ordinaire, où j'ay
« reçu une infinité de grâces d'en haut, dont je
« te remercie, o Dieu mon Père. Tu m'as ac-
« cordé la demande du sage, ne m'ayant donné
« ny pauvreté ny richesse. Tu m'as, avec la
« femme et le nombre d'enfans qu'il ta plu me
« donner en ta bénédiction, fait avec paix
« heureusement passer mes jours jusques icy.
« Tu les a tous faicts et rendus exempts des
« infirmitez du corps et de l'esprit, à quoy la
« nature humaine est sujette. Tu m'as prolongé
« mes jours en leur faveur, et de plus, comme
« une chose non attendue en mon aage, tu m'as
« extraordinairement favorisé, en me conti-

[1] D'Angleterre en France.

« nuant encore les moyens d'exercer mon art
« avec quelque facilité, en la compagnie de la
« personne liée avec moy d'amitié et d'asso-
« ciation dès environ un demy siècle, sans avoir
« aucune mésintelligence ni division entre
« nous.

« Enfin toute ma vie n'a été qu'une suitte de
« bénédictions reçeues de mon Dieu. Ce n'est
« pas que jaye esté exempt de quelques afflic-
« tions en mon propre corps et en ma famille,
« mais je tiens que ses châtimens sont du
« nombre de ses bénédictions et même des
« principales et des plus nécessaires pour le
« salut ; j'en diray icy quelques-unes des plus
« remarquables pour faire voir la bonté, la pro-
« tection et les grâces de Dieu envers moy.

« J'ay en ma jeunesse esté tiré des eaux du
« milieu de la rivière de Seyne et au milieu de
« la nuit, où je me suis vu sans aucune res-
« source d'espérance, par conséquent fort dis-
« posé à y perdre la vie. J'ay esté sur mer en
« attendant le moment d'y faire noffrage et d'y
« périr. J'ay esté plus de deux années consécu-
« tives dans les inquiétudes et craintes perpé-
« tuelles de tomber dans une dernière ruine,
« avec toute ma famille, sur une affaire dont
« l'issue a esté heureuse. J'ay esté en un mesme

« instant jetté deux fois par terre, par un tour-
« billon extraordinairement tempêtueux, une
« infinité de tuilles tombées sur moy et à mes
« environs, qui me mirent hors du pouvoir de
« me rellever et hors d'espoir d'échapper entre
« les bras de la mort où je me voyais ; couvert
« de sang, je fus ramené. J'ay esté guéry de
« deux playes à la tête visiblement mortelles
« causées par un chute de carrosse en l'aage de
« soixante-dix ans. Et j'ay esté affligé en ma
« famille par un mariage, j'avoue trop précipi-
« tamment fait.

« C'est là à peu près le petit détail des pros-
« péritez et des adversitez, qui m'ont esté en-
« voyées de la main d'en haut, et une confession
« et reconnaissance sincère des bienfaits reçus
« de mon Dieu pour Luy en donner gloire et
« pour mieux adorer sa divine providence
« envers moy, qui ne dois jamais oublier aucun
« de ses bienfaits, mais qui dois redire le
« Pseaume 48me.

« Puisque Jésus Christ nous prépare aux
« afflictions pour sa parolle, nous disant par
« son apostre que quiconque vivra selon piété,
« souffrira persécution et que, par plusieurs
« oppressions, il nous faut rentrer au royaume
« des cieux, si Dieu vous appelle à telles

« épreuves, vous devez prendre à grand hon-
« neur de porter la croix après le Sauveur. C'est
« un opprobre honorable que de porter en son
« corps les flétrissures du Seigneur Jésus. Par
« ce chemin, le Fils de Dieu et tant de martyrs
« sont entrés en la gloire céleste et nous ont
« frayé ce chemin, tant de fidèles témoins ont
« signé de leur sang la doctrine de l'Evangille.
« C'est une perte lucrative que de perdre les
« biens corporels pour Celuy qui nous a acquis
« un royaume éternel. Refuserions-nous de ré-
« pandre des larmes pour Celuy qui a répandu
« son sang pour nostre salut ?

« Je n'ay pas esté soigneux de visiter l'affligé
« ni esté prompt à secourir l'indigent, mes
« aumosnes ont été chiches et mes compassions
« dures, et j'ay souvent fuy les objets tristes, de
« peur de m'attrister, lors même que j'aurois pu
« apporter quelqu'alégement et consolation. Je
« n'amèneray pas icy la dureté du temps,
« quelque affliction domestique, la multitude
« de mes enfans, la prévoyance des maux à
« venir, qui sont choses qui restraignent ordi-
« nairement la charité et divertissent les au-
« mônes, je n'allégueray pas non plus l'assi-
« duité qui est requise en mon travail ordinaire,
« qui ne m'a permis de m'en bien acquitter et

« m'a fait obmettre plusieurs choses néces-
« saires. Plutost je te donnerai gloire, o mon
« Dieu, en m'humiliant et confessant franche-
« ment que ces deffauts provenoient de crainte
« d'avoir faute et d'une défiance ingrate à ta
« bonté, vu que Tu m'as fait sentir en ce païs
« tant d'effets de ton soin paternel, que je
« devois conserver une assurance pour l'avenir,
« car chez moi l'huile de la fiolle ni la farine
« du coffin n'ont failly, ainsy je devois tra-
« vailler, mieux que je n'ay fait, après le pain
« qui est permanent en vie éternelle.

« Tu m'as fait sentir ta puissance, me don-
« nant la force et la facilité de supporter,
« l'espace d'environ dix-huit mois, des indispo-
« sitions qui m'ont affligé, obligé finalement de
« quitter ma famille, mon travail et mes
« affaires, pour chercher en divers endroits de
« la campagne, chez mes amis, le moyen de me
« procurer la santé et me remettre comme
« avant, qui est ce que Dieu m'a accordé.

« Cela même, que je subsiste encore après
« différentes épreuves et en un aage si avancé,
« comme est celuy que j'ay de soixante-quinze
« ans passés avec un tempérament assez foible,
« n'est-ce pas un effet de ta puissance et de ta
« bonté ? Je ne me réveille jamais de mon

« dormir que je ne sois ébay de me voir encore
« au monde. Les prières ardantes, que je lui
« adresse à présent, ne regardent ni le monde
« ni sa vanité, mais bien sa gloire et le salut de
« ma famille affligée en l'un des miens, pour
« n'avoir pas, sur un mariage, assez consulté
« l'Evangile qui nous envoye à la prudence du
« serpent. Etant rassasié de jours et touchant
« bientôt soixante-seize ans, je désire d'estre
« dissous pour estre avec Christ. Que faisons-
« nous icy-bas, sinon voir, avec sensible dé-
« plaisir, des sujets qui nous remplissent d'af-
« fliction, ton Eglise foulée aux pieds de tes
« ennemis, tes temples et tes autels démolis et
« rasés, tes troupeaux et pasteurs épars et dis-
« sipés, ton Saint nom blasphémé, ta vérité
« opprimée par le mensonge et exposée en op-
« probre. Enfin, Seigneur, Dieu grand et ter-
« rible, nos péchez ont attiré ces maux. »

Tout nous édifie dans le *Journal* de Petitot : la soumission enfantine aux décrets de la Providence, la profonde gratitude pour les événements heureux, les joies de la famille et les succès artistiques qui illuminèrent sa carrière, sa mâle acceptation des épreuves qui ne lui furent pas épargnées, la scrupuleuse délicatesse avec laquelle il procède à son examen de conscience,

sa touchante humilité vis-à-vis de ses man-
quements sans doute très véniels. Notre admiration s'accroît, lorsque nous nous rappelons
qu'il l'écrivit à la veille de la Révocation. Ses
nobles sentiments furent partagés par la plupart de ses coreligionnaires, qui, après leur
établissement en Hollande et en Angleterre,
en Suisse et dans le Brandebourg ne cessèrent
pas de s'intéresser aux destinées de leur commune patrie. Saurin fut leur éloquent inter-
prète, lorsqu'il pria, le jour du Jeûne de 1706,
dans le Grand Temple de la Haye, pour les ar-
mées de Louis XIV, battues à Turin et à Rami-
lies par le prince Eugène et le duc de Marlbo-
rough.

La perspective de la mort, loin d'effrayer
Petitot lui fut douce et familière, réconforté
comme il l'était par son intime communion
avec son Sauveur. Il l'attendit avec le détache-
ment du philosophe et la sérénité du chrétien.
Sa fin ressemble, selon le vers du fabuliste, à
celle d'un beau jour.

« Pensez souvent à la mort, de peur qu'elle
« ne vous surprenne, afin que, quand elle vien-
« dra, elle vous trouve préparés. En bien vi-
« vant, vous apprendrez à bien mourir et vous
« quitterez cette terre, si vous en avez quitté

« l'amour avant la mort. A l'exemple d'Elie,
« vous laisserez avec joie tomber à terre cet
« habit pour monter à Dieu. Ce sera le jour
« de vostre délivrance, le jour auquel vous
« cesserez d'offenser Dieu, en un mot c'est
« la fin pour laquelle vous estes entrés au
« monde. Si vous estes bien disposés, la vieil-
« lesse, qui est un avant-coureur de la mort, ne
« vous attristera et la dernière partie de votre
« vie sera honorable comme le soleil, qui est
« encore beau quand il se couche.

« En attendant cette dernière heure, tra-
« vaillez et vous occupez avec fidélité et dili-
« gence à la vocation, à laquelle Dieu vous a
« appelés. Rachetez le temps, car les jours sont
« mauvais et courts; n'y ayant rien plus cher
« que le temps, il n'y a rien dont les hommes
« soyent plus prodigues. Ils reculent et retar-
« dent leur amendement, estimant qu'il y a
« assez de temps de reste pour y penser,
« comme s'ils disoyent à Dieu : Tu nous
« presses trop, il n'est pas encore temps de
« penser à ton service.

« Ce sont là, mes chers enfants, les choses
« que je demande à Dieu pour vous, toutes les
« fois que, par mes prières, je fais de vous une
« offrande à Dieu, lui disant avec Esaïe : Me

Madame de Sévigné

Duchesse de Vendome

Collection du South Kensington Museum.

« voicy et les enfants que tu m'as donnés. Je
« croy que Dieu m'a exaussé en mes demandes,
« car, autant que je puis cognoistre jusques icy,
« nul de vous ne s'est abandonné aux vices,
« nul de vous n'a tant soi peu varié en la pro-
« fession de la religion, et l'éloynement les uns
« des autres n'a point diminué l'amitié entre
« vous ny relasché les liens de vostre union
« fraternelle, ce qui me fait espérer que Dieu
« continuera envers vous le cours de ses grâces
« et qu'après mon décès vous serez des exem-
« ples de son soin paternel.

« L'amour, que je vous porte à tous, m'a
« obligé de vous escrire ces choses (tirées de
« feu M. Dumoulin), pour satisfaire à l'affec-
« tion paternelle et à mon devoir envers Dieu,
« et pour vous porter à la piété, qui se doit cul-
« tiver de père en fils.

« Vous recevrez donc avec gré ce présent, qui
« vous est faict par vostre père, qui vous aime
« cordialement, pour ce que vous êtes ses en-
« fans, mais beaucoup plus, pour ce que vous
« estes enfans de Dieu. Et, comme il est fort
« avancé en âge et dès longtemps en ce monde,
« sa principale pensée ne doit plus estre qu'à
« se disposer à en sortir et à mourir en la
« grâce de Dieu. C'est à quoy j'aspire de tout

« mon cœur et, avant ce delogement, ce m'est
« une joye de vous pouvoir donner ma béné-
« diction et faire mes simples et dernières
« exhortations, afin de parler encore à vous
« après ma mort.

« Quand Dieu nous aura séparés, il nous
« rassemblera et nous mettra au lieu, où les
« liens charnels ne seront plus et où les affec-
« tions paternelles et filiales seront éteintes et
« englouties par la force et ardeur de l'amour
« de Dieu, qui rassasiera tous nos désirs et
« exclura toutes nos craintes et nous remplira
« de lumières. En attendant ce temps, je prie
« Dieu qu'il vous couvre de ses aisles, qu'il
« vous adresse par son Esprit et par sa provi-
« dence et qu'il vous délivre de toute mauvaise
« œuvre et finalement qu'il vous reçoive en
« son royaume céleste. A Luy soit louange et
« gloire aux siècles des siècles.

Votre père et ancien amy,

J. Petitot.

A Paris, ce 12 juillet 1674. »

VIII [1]

Nous dépasserions de beaucoup le cadre de ce modeste essai biographique, si nous entreprenions l'esquisse, même sommaire, de la Révocation de l'Edit de Nantes. Il convient cependant de signaler quelques audacieux sophismes, obstinément maintenus par les apologistes de l'Eglise romaine, quoiqu'ils aient été victorieusement réfutés, à diverses reprises, par les historiens compétents.

L'un des plus impudents me paraît celui, d'après lequel l'argent n'aurait joué aucun rôle dans les abjurations, auxquelles se laissa entraîner un trop grand nombre de Réformés. Il

[1] Consulter Ath. COQUEREL. *Les temples Protestants.* — Libres études (1864). — O. DOUEN. *Paris protestant.* Encyclopédie des sciences religieuses. — F. de SCHICKLER. *Le Refuge*, ibid.

suffit, pour se convaincre du contraire, de parcourir les registres de la caisse spécialement instituée dans ce but et confiée, en récompense de sa propre apostasie, à Pélisson, qui proportionnait ses largesses à la position sociale de ses ex-coreligionnaires.

La rigueur brisa la résistance des âmes, sur lesquelles la cupidité n'avait exercé aucun attrait. L'organisation, en 1681, des dragonnades à Paris aussi bien qu'en province, a marqué la mémoire de Louvois d'un stigmate ineffaçable. « Courage, Messieurs », criaient aux missionnaires bottés, détenteurs d'un nouveau genre de billets de logements, les curés du Poitou et du Languedoc, « c'est l'intention du Roi que ces chiens de huguenots soient pillés et saccagés ». Si étrange que le fait paraisse aujourd'hui, l'orgueilleux ministre répondait, par ces mesures cruelles, aux vœux de l'opinion. Les personnes les plus modérées et les plus impartiales, La Fontaine, Mme de Sévigné, Fénelon, La Bruyère félicitèrent, en un langage chaleureux, Louis XIV d'avoir réussi à extirper de ses Etats l'hérésie. Un docteur, que les périls imminents courus par ses amis les plus chers auraient dû rendre plus équitable, Antoine Arnauld, parlait, à cette occasion, de « voies quelque peu violentes, mais nullement injustes ».

MM. Frank Puaux et Sabatier ont, lors de la célébration du Centenaire de la Révocation, mis en pleine lumière la part prépondérante prise par le clergé de France à cet acte inique. Le principal article, inscrit au programme de ses assemblées quinquennales, consistait dans sa contribution aux charges du Royaume, impôt obligatoire et indéniable, à ce que prétendaient les conseillers gallicans de la couronne, don gratuit, volontaire et toujours révocable, à ce que répliquaient les légistes ultramontains, puisque les biens de l'Eglise appartiennent à Dieu seul. Il s'établit à ce sujet, pendant de longues années, un marchandage des plus répugnants, dont les frais, en fin de compte, étaient toujours payés par l'hérésie.

Dès 1636, le président de l'Assemblée écrivait à Louis XIV : « Sire, nous sommes obli-
« gés de solliciter de votre justice que les
« prières de leurs prêtres, injurieuses à l'hon-
« neur de Sa Sainteté, qu'ils nomment l'Ante-
« christ, soient biffées et corrigées, que ce
« monstre de l'hérésie, cette indifférence de la
« religion, conçue et engendrée par le ministre
« Daillé soit étouffée en sa naissance ». En

1640, les protestants, frappés par une série
d'actes vexatoires, rendus soit contre leurs
temples, soit contre leurs écoles, se voient
contraints, par la menace de lourdes amen-
des, à la salutation du Saint-Sacrement et
sont informés, en 1657, de la suppression de
leurs synodes nationaux. Les sollicitations
s'étaient renouvelées plus pressantes dès 1651.
« Nous ne demandons pas, Sire, à votre Ma-
« jesté, qu'elle bannisse dès à présent de votre
« royaume cette malheureuse liberté de cons-
« cience, qui détruit la véritable liberté des
« enfants de Dieu, parce que nous ne jugeons
« pas que l'exécution en soit facile, mais sou-
« haiterions au moins que ce mal ne fit point
« de progrès et que, si votre autorité ne le
« peut étouffer tout d'un coup, elle le rendit
« languissant et le fit périr peu à peu par
« le retranchement et la diminution de ses
« forces.

L'assemblée de 1660 formule des exigences
encore plus nettes et plus catégoriques au sujet
des temples et des hôpitaux construits par les
Huguenots, des collèges et des académies qui
se multiplient, grâce à leur zèle, dans plusieurs
villes, des cimetières usurpés par eux sur leurs
légitimes possesseurs. Les prélats, dans un

accès de cruelle ironie, n'hésitent pas à se plaindre de la violence dont les religionnaires usent en tous lieux contre les catholiques. Le 13 février 1661, deux millions sont octroyés par le clergé au trésor royal, en échange de nombreux arrêts et déclarations, d'après lesquels plusieurs temples furent démolis, plusieurs collèges supprimés, les hérétiques exclus de l'administration, des consulats, de la marine, des finances, le tiers du revenu des économats affecté à la caisse des nouveaux convertis, les relaps envoyés aux galères et traînés sur la claie après leur mort. L'ensemble des mesures prises en 1666 parut si rigoureux qu'il provoqua une nouvelle et abondante émigration. A chaque nouveau décret rendu par le pouvoir civil contre ses sujets de la religion prétendue réformée, le clergé témoigna de sa gratitude par des dons pécuniaires considérables, successivement accordés en 1666, 1670, 1675, 1680. Toutes les déclarations de Rome se résument en ces quelques paroles, sinistres dans leur brièveté : « Il faut faire expirer entièrement l'hérésie. »

Il semble plus difficile, au premier abord, d'établir, avec une précision irréfutable, le véritable rôle joué par Mme de Maintenon dans les prolégomènes de la Révocation. Elle en fut longtemps regardée comme la principale instigatrice, mais elle a rencontré à notre époque de doctes et persuasifs avocats, le duc de Noailles, MM. Geffroy, Gréard, Charles Read, qui ont cru découvrir des preuves incontestables, sinon de son innocence, tout au moins d'une très forte atténuation de sa culpabilité, soit dans ses Lettres, soit dans des pièces inédites des Archives. Leur argumentation, si habile et si plausible qu'elle ait paru à de nombreux lecteurs, ne nous a point ébranlé dans nos convictions premières. Nous persistons, avec MM. H. Bordier, O. Donen et N. Weiss, à croire à l'influence néfaste et victorieuse exercée par elle sur Louis XIV.

Son concours contre l'hérésie fut obtenu en échange du consentement donné par le Saint-Siège à son mariage morganatique avec le grand roi, mariage célébré le 12 juin 1684 dans la chapelle de Versailles, très secrètement et en présence seulement de trois témoins : Louvois, Bontemps et Montchevreuil, grâce aux bons offices de l'archevêque de Paris et du confesseur, le Père La Chaise. La princesse Palatine, restée fidèle à la foi réformée, écrivait à sa famille, plusieurs années après

l'événement, le 13 mai 1719 et à l'occasion de
la mort de Mme de Maintenon, avec sa franchise et sa vigueur habituelles : « Si elle était
« morte, il y a trente ans, tous les pauvres
« Huguenots seraient encore en France et leur
« temple de Charenton n'aurait pas été rasé.
« La vieille sorcière a été avec le Jésuite, le
« Père La Chaise, la cause de tout cela et à eux
« deux ils ont produit tout le mal. » La preuve
décisive se lit dans un mémoire de l'évêque
Languet de Gergy. « L'évêque de Meaux[1],
« plusieurs autres prélats, le pape lui-même[2]
« avaient été consultés, ils avoient décidé que
« c'étoit remplir les desseins de Dieu de faire
« servir la confiance du Roi pour Madame de
« Maintenon et la complaisance légitime de
« Madame de Maintenon pour le Roi à faire
« triompher dans le royaume la vertu et la
« piété par l'usage de l'autorité souveraine.
Fénelon, en diplomate expert, ajoute « le
« grand point est d'assiéger le Roi puisqu'il
« veut l'être, de le gouverner puisqu'il veut
« être gouverné. »

La bataille est désormais gagnée. L'assem-

[1] Bossuet.
[2] Innocent XII, Odescalchi.

blée du clergé en proclama, le 2 juillet 1685, le résultat en ces termes : « Tâchons, Mes- « sieurs, de faire rendre à Dieu, par les héré- « tiques, le culte qui lui est dû et nous joui- « rons en paix de nos biens. Vous serez « étonnés, Messieurs, après que nous avons « tant obtenu de la justice du Roi, que nous « ayons encore quelques demandes à faire. » Suivent 25 articles immédiatement accordés par Louis XIV et contresignés par Colbert. La Révocation est désormais un fait accompli et la harangue du 11 juillet en exige la procla- mation officielle. « Les rois n'ont permis l'exer- « cice de la religion prétendue réformée que « par provision seulement, dans le malheur des « temps et pour des raisons qui ne subsistent « plus, que, dans l'état florissant où la valeur « et la sagesse de Sa Majesté ont mis le « royaume, le clergé a de très justes sujets de « demander la révocation des édits qui con- « tiennent cette permission. »

Mme de Maintenon ne regretta jamais son œuvre. Ses défenseurs actuels prétendent que, liée par des souvenirs de famille, elle pouvait, moins que tout autre personne à la Cour, in- tercéder en faveur de ses ex-coreligionnaires, mais qu'elle gémit en secret sur ce qu'elle ne pouvait empêcher et que d'ailleurs, trompée par de faux rapports, elle ignora les cruautés commises dans les provinces. Saint-Simon vit plus juste dans l'admirable et terrible portrait qu'il traça de la prude marquise. Son acharnement contre les Réformés, loin de faiblir avec les années, lui dicta en 1688, contre une requête de Vauban, en vertu de laquelle les expatriés seraient rentrés dans le royaume et auraient joui de la liberté de conscience sans recouvrer l'exercice public de leur culte, un mémoire dans lequel elle se prononçait contre toute concession.

Ce serait dépasser de beaucoup les limites de ce travail qu'indiquer, même brièvement, le dommage causé par la Révocation à la prospérité spirituelle et matérielle de la France. 600,000 et peut-être même 800,000 religionnaires, tous distingués par leur conscience droite, leur solide culture, leurs capacités industrielles et financières, s'établirent en Hollande, en Suisse, en Angleterre, en Allemagne. Leur habile et loyal concours permit à Guillaume d'Orange de renverser la dynastie catholique des Stuart, à Frédéric Ier de transformer son électorat de Brandebourg en royaume de Prusse, aux princes évangéliques d'opposer avec la ligue d'Augsbourg une barrière efficace à la politique envahissante de Louis XIV. Un des historiens qui ont le plus exactement étudié cette période, M. Charles Weiss, a résumé ses travaux dans cette phrase éloquente en sa brièveté : « Ce que l'étranger a gagné, la France l'a perdu ». En France même, la suppression de la liberté d'examen, après avoir favorisé la domination des Jé-suites, provoqua la réaction incrédule des encyclopédistes, tandis que le manque de self government se traduisit tour à tour par l'abso-lutisme monarchique et le terrorisme révolu-tionnaire.

Le mal le plus funeste fut l'hypocrisie en-gendrée chez les âmes cupides et pusillanimes. La noblesse donna l'exemple. Si Turenne et Mme de Duras feignirent de céder à l'éloquence et à la dialectique irrésistibles d'un illustre prélat, d'autres, comme Dacier, Dangeau, Tal-lemant des Reaux s'efforcèrent de racheter, par l'excès de leurs flatteries, leur ancienne in-dépendance huguenote. Trois seulement persé-vérèrent, parmi lesquels deux prirent le chemin de l'exil : Duquesne, Schomberg et Ruvigny. L'épouse et la sœur de Turenne, Charlotte de Caumont-La Force et Charlotte de la Tour d'Auvergne, témoignèrent également d'une constance héroïque.

Si les exemples de vaillance et d'abnégation se multiplièrent parmi le peuple et la bourgeoisie, les abjurations l'emportèrent néanmoins sur les résistances, abjurations purement formelles, il est vrai, et qui n'impliquaient, dans la pensée de leurs auteurs, qu'une adhésion purement formelle au crédo romain. Le fait est constaté par un des maréchaux et un des intendants qui arrachèrent le plus grand nombre d'apostasies. Villars, en effet, écrivait : « Quant aux nouveaux convertis, j'ai su de gens sensés, ecclésiastiques, grands vicaires et autres, que sur mille, il n'y en avait pas deux qui le fussent peut-être véritablement. » Baville déclare de son côté que « la religion catholique n'avait fait aucun progrès dans les cœurs ».

Peu intéressants par le caractère, ces tristes néophytes parvinrent peu à peu à étouffer la voix de leur conscience. D'autres, qui cédèrent à leurs remords, se rétractèrent publiquement, aussitôt qu'ils eurent réussi à gagner l'étranger. Quelques rares fidèles purent garder leur foi intacte, abrités qu'ils étaient par les gorges des Cévennes, les montagnes du Dauphiné et autres retraites inaccessibles. M. Félix

Chavannes, dans son *Histoire des Réfugiés,* a résumé en quelques lignes, exactes dans leur sévérité, les conséquences morales de l'acte du 22 octobre 1685 : « Les anciennes familles des « réformés de France, ou bien sont devenues « purement et simplement catholiques, à la « manière de la majorité de leurs concitoyens, « ou bien sont revenues à la foi protestante « après un temps d'adhésion extérieure au ro- « manisme, sans que rien eût marqué, dans « leur retour à la profession de leurs pères, « un acte sérieux rappelant la voix sainte de « la conscience. Ceux qui sont vraiment de- « meurés fidèles, c'est à l'étranger qu'on est « réduit à les chercher. »

Le premier pas décisif vers la révocation de l'Edit de Nantes avait été accompagné, en 1668, de la suppression des Chambres y relatives, siégeant à Paris et à Rouen. Les députés des églises sollicitèrent une audience du roi, qui admit devant lui, pour la forme, le délégué général, marquis de Ruvigny, et l'éloquent pasteur de Caen, Pierre Du Bosc. Le discours de ce dernier, plein de force et de dignité, touchant et pathétique, produisit un tel effet sur l'altier monarque qu'il ne dissimula pas son émotion, mais promit d'y penser. « Madame », s'écria-t-il en entrant dans la chambre de la reine, « je viens d'entendre l'homme de mon royaume qui parle le mieux », et, se tournant vers ses courtisans, il ajouta : « C'est certain que je n'avais jamais ouï mieux parler. » Louis XIV ne tenait pas probablement à la présence des personnes éloquentes, dont les opinions différaient des siennes, puisqu'il condamna, quelques années plus tard, DuBosc à l'exil. L'édit suppressif fut promulgué en janvier 1669.

En 1682, la même assemblée du clergé qui proclama, à l'instigation de Bossuet, les libertés gallicanes, se montra des plus violentes à l'égard des huguenots, auxquels elle adressa un Avertissement pastoral. Les Consistoires furent obligés d'admettre dans leur sein les représentants des évêques, chargés de leur signifier cet acte insultant et qui renfermait, sous son enveloppe doucereuse, de cruelles menaces. L'intendant de la province assista, le 20 septembre, à Charenton, à la séance du Consistoire, où l'official de l'archevêque de Paris, accompagné de trois curés et de deux notaires apostoliques, donna lecture du monitoire. Claude, qui présidait, lui répondit avec une douloureuse fermeté : « Nous avons cette confiance en la justice et en la bonté du roy, qu'il ne voudra jamais obliger à rien contre notre conscience, dont Sa Majesté sait bien que Dieu seul est le maître. » Les séances du Consistoire de Charenton ne tardèrent pas à être interdites, mais le marquis de Ruvigny n'en continua pas moins à réunir chez lui ses collègues, dont les uns se rendaient directement à son hôtel, tandis que les autres passaient par la boutique d'un serrurier.

Le 17 octobre 1685, l'Edit de Nantes, juré par Henri IV, confirmé par Louis XIII, déclaré perpétuel et irrévocable par Louis XIV lui-même, fut abrogé sous le prétexte dérisoire qu'il n'existait plus de Réformés en France. Même dans cette infortune suprême l'Eglise de Paris ne s'abandonna point à ses lugubres destinées. Un enfant de la famille Lestocq, une petite fille, fut baptisée le dernier jour où fut célébré le culte dans le temple de Charenton, déjà condamné. Les Huguenots affluaient, en effet, dans la capitale pour y procéder aux cérémonies religieuses, devenues impossibles en province.

Le jour même où l'ordonnance révocatrice de Louis XIV, quatre jours après sa proclamation, avait été portée pour sa vérification au Par-

Molière

Fouquet

Collection du South Kensington Museum.

lement, trois commissaires désignés par le lieutenant de police, Nicolas de La Reynie, se rendirent à Charenton, accompagnés de cinquante
ouvriers menuisiers, afin de commencer la dé-
molition du temple. Il fut procédé avec une
telle ardeur à cette œuvre destructrice, qu'il
suffit de cinq jours pour son complet achèvement. Les ouvriers, animés pour la plupart
d'une haine sauvage, affluèrent de tous les
coins de Paris. Le cimetière contigu au temple
fut profané et les tombes violées, même les plus
illustres, celles entre autres des Rohan et du
maréchal de Gassion, comme le furent en 1711,
sur l'ordre du même monarque, à Port-Royal,
celles des pieux solitaires, en 1793, à l'Abbaye
de Saint-Denis, celles des rois de France.

Les principaux chefs des familles protestantes furent mandés, par billets personnels, au do-
micile des magistrats, qui leur ordonnèrent de
changer de religion, sans épargner les promesses ni les menaces. Les récalcitrants furent ex-
pédiés en nombre considérable à la Bastille et
les membres du Consistoire exilés par lettres
de cachet, tandis que les protestants, domiciliés
à Paris depuis moins d'un an, reçurent l'injonction immédiate d'en sortir. Il ne fut accordé
aux pasteurs que quinze jours pour quitter la

France. Le plus redouté d'entre eux, pour son caractère plus encore que pour son talent, Claude, fut gardé à vue par un valet du roi et ne disposa que de vingt-quatre heures pour vider le territoire. Pendant les mois d'octobre, novembre et décembre 1685, plus de trois mille huguenots demeurés à Paris refusèrent d'abjurer, 1098 consentirent, d'après les rapports de police, à un acte extérieur d'adhésion vis-à-vis de l'église romaine, 1087 prirent le chemin de l'exil. Claude et ses collègues avaient très habilement organisé les émigrations et enrôlé des guides sûrs qui, au mépris de la hart, se rendaient constamment de Paris à la frontière. Les sorties avaient généralement lieu à minuit, les jours de marché, à cause de l'ouverture plus facile des barrières.

Le protestantisme n'était point anéanti, malgré les déclarations officielles. A Paris même, du vivant de Louis XIV, une lettre du secrétaire d'Etat Pontchartrain au lieutenant de police La Reynie, datée du 11 décembre 1690, c'est-à-dire cinq années après la Révocation, constate avec courroux que les Réformés célébrèrent plusieurs fois leur culte détesté dans cette même rue du Marais, où Henri II avait cru l'étouffer dès ses origines.

Les pasteurs bannis n'hésitèrent pas à rentrer en France, quoiqu'ils encourussent la peine de mort. Six d'entre eux, d'après Elie Benoit, furent arrêtés à Paris. Moins d'une année après la révocation, Gardien Givry, Géraud et Malzac furent internés, en 1692, pour ce prétendu crime, aux îles Sainte-Marguerite, tandis que Mestrezat et quelques autres de ses collègues furent enfermés à la Bastille.

Parmi les mesures odieuses mais logiques prises contre les Réformés, nous ne citerons que la défense intimée, en 1680, à ceux de Charenton de faire l'aumône à leurs coreligionnaires indigents, afin que ces derniers pussent être gagnés par la famine. Plusieurs jeunes filles arrachées à leurs mères furent enfermées dans les maisons des *Nouvelles catholiques* ou de la *Propagande de la foi,* sises au Faubourg Saint-Germain, dans les rues Sainte-Avoye et Sainte-Anne.

Tout protestant, qui était surpris en flagrant délit d'assister au culte en commun ou arrêté dans sa fuite hors de France, était immédiatement envoyé aux galères. L'église de Paris fournit son contingent à cette armée de héros qui s'appelaient eux-mêmes les *Forçats pour la Foi* et se voyaient systématiquement mélangés

avec des scélérats de droit commun et des escla-
ves barbaresques. Nous possédons d'effrayan-
tes et véridiques relations des souffrances en-
durées par ces infortunés, soit au bagne, soit
pendant le voyage de la chaîne, soit au dépôt
des condamnés. Un de ces derniers, installé au
quai de la Tournelle, surpassait tout ce qui se
peut imaginer.

L'hérésie, dont le grand Roi s'était flatté
d'opérer l'entière destruction, se maintint dans
sa propre capitale, grâce à l'aide persévérante
que lui octroyèrent les titulaires des légations
étrangères. Ils ne faisaient en cela que lui ap-
pliquer ses propres théories. Louis XIV, dans
toutes les controverses relatives aux affaires religieuses qu'il avait soutenues avec les puissances évangéliques, était toujours parti du prin-
cipe que ses représentants diplomatiques
avaient le droit de célébrer le service divin dans
leur résidence en vertu de l'extérioralité. « Il
ne serait pas de la dignité du roy » disait à ce
propos Colbert à Lect le 26 décembre 1677,
« de faire en faveur de la République de Ge-
« nève une exception à ce qui se pratique en
« Angleterre, en Hollande et partout où sa
« Majesté envoye des ambassadeurs. C'est le
« droit du roy qui ne touche en rien au vostre,

« vous pouvez prendre les précautions que vous
« croirez nécessaires pour vostre seureté. »

La situation des hôtels, où étaient installées
les légations, favorisait les secours accordés aux
religionnaires, puisqu'ils se groupaient autour
de cette abbaye de Saint-Germain des Prés qui,
après avoir abrité la Réforme à ses débuts, servait actuellement de prison aux huguenots fer-
mement attachés à leurs croyances. Celui de
Hollande s'élevait à l'angle sud-est de la rue
Taranne avec celle des Saint-Pères, en face
du premier cimetière Saint-Germain et sur
l'emplacement d'un ancien cimetière de lépreux,
celui de Suède à l'angle sud-ouest des rues Jacob et Saint-Benoit, en face d'un pavillon de
l'abbaye qui ne fut démoli qu'en 1850, celui
de Brandebourg dans la rue Grenelle Saint-
Germain. Ceux d'Angleterre, de Danemark, de
Wurtemberg, de Hesse-Cassel, n'étaient pas
trop éloignés. Dans leur voisinage immédiat se
trouvait cet hôtel de Jaucourt qui avait été sur-
nommé, au XVIIIme siècle, la maison des huguenots et dans un salon duquel Malesherbes délibéra sur l'édit de tolérance qui rendit, en 1787,
aux protestants l'état-civil.

Les ambassadeurs accueillirent dans leurs
hôtels la plupart des religionnaires qui son-

geaient à s'évader du royaume et reçurent en
dépôt l'argent et les objets précieux enfermés
dans des coffres, qu'ils se chargeaient plus tard
d'expédier à l'étranger. Les livres secrets et les
registres de baptêmes et de mariages, de com-
munions et de sépultures furent consignés à la
légation de Hollande. Les secrétaires distri-
buaient les passeports et fournissaient, avec les
guides, les renseignements indispensables.
Parmi les plus hardis de ces huguenots, qui figu-
raient au service de l'Allemagne, les mémoires
de l'époque signalent Brousson et Jean Beck. Ce
dernier paya son courage de sa liberté et fut
enfermé le 26 novembre 1686 à la Bastille,
après que trois de ses filles eurent été envoyées
au couvent des Ursulines de la rue Sainte-
Avoye. L'ambassadeur d'Angleterre emmena
une fois plusieurs jeunes gens dont il fit passer les uns pour ses attachés, les autres pour
ses domestiques.

Dès le 3 décembre 1685, un arrêt de police
interdit l'accès des chapelles protestantes, sans
grand succès, paraît-il, car, au mois de juin
suivant, La Reynie constatait avec irritation
que de nouvelles assemblées se tenaient à l'hôtel de Hollande en l'absence de l'ambassadeur.
Le 16 janvier 1687, Louis XIV ordonna l'arres-

tation des Français qui se rendaient au culte célébré dans les chapelles de Danemark et de Brandebourg, pourvu qu'ils fussent rencontrés à une distance suffisante. L'ancienne injonction fut réitérée, le 20 octobre 1688, à l'ambassadeur de Brandebourg et en 1698 à celui de Danemark, M. de Meyencron, dans la maison duquel se célébraient des baptêmes hérétiques. L'aumônier de cette dernière légation fut également invité à suspendre les visites faites par lui aux protestants parisiens. L'écuyer, M. de Villiers, fut, en 1700, exilé pour le même délit, échappa à grand peine à la Bastille et fut enlevé avant d'avoir réussi à franchir la frontière. En 1703, Sa Majesté apprenant que des prédications françaises se tenaient régulièrement à l'ambassade de Danemark, déclara qu'il ne le souffrirait point et fit immédiatement procéder à l'arrestation des auditeurs, notamment de l'horloger Dubois, un opiniâtre huguenot résidant rue Mazarine. De nouveaux ordres d'arrestation furent lancés en 1715, en 1726, en 1740, contre les protestants français qui se rendaient au prêche célébré dans les chapelles d'Angleterre et de Hollande.

L'ambassadeur des Provinces-Unies, Hopp, se distingua par son zèle en faveur des Huguenots persécutés, même des galériens et des pasteurs du Désert. La tolérance du Régent lui rendit la tâche relativement facile. Il ne fit du reste que se conformer aux instructions, à lui transmises, par les Etats-Généraux de La Haye, qui avaient choisi ce mode généreux de se venger des injustices autrefois commises à leur égard par Louis XIV. Les cultes, célébrés en français par les soins de Hopp, attirèrent un nombre si considérable d'auditeurs, qu'il fallut établir deux ou trois services d'ordre chaque dimanche, afin de prévenir les manifestations hostiles de la populace. « La chapelle de l'ambassade est trop petite pour contenir tous les assistants, » écrivait en 1720 le pasteur Guiton. Dans une lettre datée de la même année, Mlle de Villarmont parle d'assemblées auxquelles prirent part 700 personnes. Basnage mentionne de son côté 1,500 communiants. Le culte se célébrait également en français à l'ambassade d'Angleterre, sous le patronage successif des lords Portland, Stairs, Sutton ; lorsque Horace Walpole crut devoir se départir de cette habitude, Hopp s'en plaignit à l'archevêque de Canterbury et obtint gain de cause.

Les registres de l'ambassade de Hollande, continuateurs de ceux de Charenton, déposés aujourd'hui à l'Oratoire du Louvre et qui comprennent la période s'étendant de 1727 à 1781, accusent un chiffre total de 2850 premiers communiants. Les catéchumènes venaient en fortes bandes, non seulement de Paris, mais de Meaux, de Saint-Quentin, d'Amiens, de Caen, d'Orléans. Il se joignait même à eux d'anciens catholiques, séduits par leur fervent héroïsme. Lorsqu'un seul chapelain fut devenu insuffisant pour une aussi lourde tâche, les Etats-Généraux n'hésitèrent pas, en 1762, à en nommer un deuxième. Sur leur liste figure Jean Du Voisin, qui épousa, en 1767, Anne Calas, avec la permission expresse de Louis XV et garda ses fonctions jusqu'en 1780. La transition fut tout naturellement fournie, avec l'état de choses actuel, par Marron qui, après avoir rempli depuis 1782 l'office de chapelain de l'ambassade, fut nommé, en 1788, pasteur de l'Eglise de Paris, reconstituée par ses soins et ceux de Rabaut-Saint-Etienne.

L'assistance au culte luthérien de l'ambassade de Suède n'avait jamais été interdite aux Protestants parisiens, probablement parce qu'il se célébrait en allemand. L'ambassadeur fut cependant invité à plusieurs reprises à la faire tenir dans une salle éloignée, parce que les moines de Saint-Germain ne pouvaient supporter d'entendre, du jardin de leur abbaye, les Psaumes, traduits, il est vrai, par Lobwasser, mais toujours chantés sur les mélodies de Clément Marot, en sorte que les Français recouraient au texte vénérable de Théodore de Bèze. La communauté scandinave avait été fondée dès 1626, par Jean Hamboi, un pasteur luthérien qui professait également les langues orientales au Collège de France. Lorsque Grotius, exilé de sa patrie par Maurice de Nassau, représenta Christine de Suède à la cour de Versailles, il lui adjoignit François Dor, un ancien pasteur de Sédan, choisi à cause de ses opinions arminiennes. Pour obvier aux trop fréquents changements des titulaires, Louis XIV reconnut l'existence légale de la chapelle, à la condition que son ambassadeur à Stockholm bénéficiât de la réciprocité. Les mariages n'y étaient cependant bénis qu'en vertu d'une fiction diplomatique autorisant les deux époux à s'unir à l'étranger, c'est-à-dire au coin de la rue Jacob, pour rentrer ensuite dans le royaume.

« On a aujourd'hui, » écrivait J.-N. Nemeitz, conseiller du prince de Waldeck, dans le récit de son séjour à Paris, « trois assemblées de « Protestants, savoir une de Luthériens chez

« Monsieur Gedda, résident de la part du roi
« de Suède, et deux de réformés, savoir chez
« l'ambassadeur extraordinaire de la Grande-
« Bretagne et chez celui des Etats-Généraux
« des Provinces unies des Pays-Bas, qui fut de
« mon temps M. Hopp. Les autres ministres
« évangéliques comme ceux de Prusse, de Da-
« nemark, de Wurtemberg et de Hesse-Cassel
« n'ont point de prédicateurs. Les sermons de
« ces deux assemblées, chez l'ambassadeur
« d'Angleterre et celui des Etats-Généraux, se
« font dans les langues de ces deux nations,
« mais c'est quelque chose d'extraordinaire que
« les évangéliques font le service divin en lan-
« gue allemande chez le dit ministre de Suède.
« Il est bien probable que cela se fait ainsi pour
« la commodité et pour le bien des luthériens,
« qui ont en partie leurs domiciles dans cer-
« tains quartiers privilégiés de la ville, par
« exemple dans l'enclos de l'abbaye de Saint-
« Germain-des-Prés, de celui de Saint-Jean-La-
« tran, du Temple, etc., et qui, en partie, sont
« au service de la France dans les régiments de
« Suisse et d'autres nations étrangères. Cette
« assemblée a été quelquefois au nombre de
« plus de quelques centaines d'hommes. Ce
« service se fait publiquement chez chacun des

« dits trois ministres en particulier, dans un
« grand appartement qu'ils y ont destiné, tous
« les dimanches et jours de fête, régulièrement
« de dix jusqu'à douze avant midi. »

L'affluence à la chapelle s'accrut considérablement à partir de 1742, lorsque des sermons
y furent prononcés en français, une et même
deux fois par mois. Une nouvelle communauté
luthérienne s'organisa, en 1747, sous les auspices
de l'ambassade de Danemark, une infirmerie
scandinave, qui reçut des malades réformés,
s'ouvrit en 1785 rue du Four-Saint-Germain, en
face de la rue des Cannettes.

L'édit de novembre 1787, qui avait reconnu
l'existence légale des réformés par la validation
de leurs naissances et de leurs mariages, n'avait
pas encore proclamé la liberté des cultes.
L'Eglise se remit elle-même en possession des
biens que l'Etat tardait à lui rendre, ouvrit,
après plusieurs délais, un local pour la célébration du service divin et y distribua pour la première fois, le 7 juin 1789, la Sainte-Cène. La
nouvelle « salle d'assemblée des protestants »
se trouvait dans la rue Mondétour, vis-à-vis de
celle du Cygne, l'allée à côté de la grille du
cloître de la rue Saint-Jacques de l'Hôpital. Au
bout de six mois, l'affluence continue des audi-

teurs amena le transfert du culte rue de Thion-
ville, aujourd'hui rue Dauphine dans la salle du
Musée, une association littéraire qui avait été
créée et dirigée par l'agent général des églises
protestantes de Paris, le fils du pasteur du
Désert, Antoine Court, l'érudit Court de Gé-
belin.

Lorsque la liberté de conscience eut été pro-
clamée par la Constituante, l'Eglise réformée
put se montrer au grand jour. Rabaut-Saint-
Etienne, qui venait de succéder, comme président, à l'abbé de Montesquiou, écrivit à son
père, l'illustre Paul Rabaut, proscrit comme
hérétique depuis cinquante ans, cette phrase si
souvent citée : « Le Président de l'Assemblée
nationale est à vos pieds. »

Grâce au concours empressé du maire Bailly
et à l'active protection de La Fayette, le Consistoire loua, en 1791, la maison Louis du Louvre, c'est-à-dire cette ancienne église Saint-
Thomas du Louvre, dédiée plus tard au roi
Louis IX, et dans laquelle Charles IX s'était entendu louer, par le clergé de la paroisse, pour
avoir exterminé l'hérésie en une matinée. L'emplacement fait aujourd'hui partie de la place du
Carrousel. Lorsque Marron inaugura le temple
il prit pour texte : « La nuit est passée ; le jour

est levé » ; il n'eut garde de passer sous silence
ces lugubres souvenirs. Une parole, éloquente
de Mirabeau, qui avait produit un puissant
effet sur ses collègues, lui fournit la transition désirée. Ah! s'écria-t-il : « Si l'orateur, dont la patrie déplore la perte récente, dit
un jour, à cette tribune qui s'enorgueillit de
son talent et qu'il tonnait contre l'intolérance :
« J'aperçois, de cette tribune, le balcon funeste
« où un roi égaré par de perfides conseils, lan-
« çait le plomb meurtrier contre ses sujets, à
« cette place où je me vois élevé, suis-je moins
« en droit de renouveler ces souvenirs? « Marron rendit également grâces à Dieu, en présence du maire Bailly et de douze conseillers
municipaux, pour l'achèvement de la Constitution.

Emprisonné une première fois en 1793, mais
libéré à la demande et sur la garantie du Consistoire, Henri Marron continua à célébrer le
culte, au péril de sa tête, pendant toute la période de la Terreur et, lorsqu'il fut obligé de le
transférer au décadi, il s'imposa une double
tâche, en ne renonçant pas à celui du dimanche.
Incarcéré de nouveau à la veille de la fête de
l'Être Suprême, il serait, sans le 9 Thermidor,
certainement monté sur l'échafaud. Il ne put

reprendre immédiatement son ministère à la sortie de l'hôtel Talaru, qui lui avait servi de cachot, mais travailla à la reconstitution graduelle de l'Eglise, tout en remplissant, dans les bureaux de la marine, les modestes fonctions de traducteur juré pour la langue hollandaise.

Le premier Consul, lorsqu'il eut signé en 1802 le Concordat avec le Saint-Siège, y ajouta pour les protestants des deux confessions, réformée et luthérienne, les articles organiques connus sous le nom de loi de Germinal an X. Trois pasteurs furent accordés à l'Eglise, dans la pensée qu'ils administreraient chacun une paroisse, comme les curés de l'Eglise catholique. Les premiers titulaires, compris tous trois dans la première promotion de la Légion d'Honneur, furent Marron, Mestrezat et Rabaut Pommier, fils du pasteur du Désert et frère de Rabaut Saint-Etienne.

Les trois temples, mis à la disposition du Consistoire et depuis longtemps désaffectés, se trouvèrent être Saint-Louis, Sainte-Marie et Pentemont, le premier d'entre eux ne tarda pas à être démoli par décret impérial, pour l'agrandissement du Carrousel, mais cette place ne fut achevée qu'un demi-siècle après, sous un autre

Bonaparte, et l'abside à demi renversée de l'église se voyait encore, en 1850, des fenêtres de la grande galerie du Louvre. Cet édifice fut remplacé, pour la célébration du culte réformé, par l'ancienne église des Pères de l'Oratoire, qui servait à cette époque, de magasin pour les décors de l'Opéra, situé place Louvois.

Sainte-Marie était une ancienne chapelle des Visitandines, qui s'élevait dans le voisinage immédiat, soit de la place de la Bastille, soit du collège Charlemagne, ancien couvent des Jésuites. La baronne de Chantal avait acheté en 1605, également dans le faubourg Saint-Antoine, l'hôtel de Cossé pour le transformer en un monastère des Filles de la Visitation Sainte-Marie. Lorsque Marron y prêcha pour la première fois, il rendit grâces à Dieu de ce que les protestants de Paris pouvaient, en toute sécurité et liberté, se réunir entre les deux plus grands épouvantails de leurs ancêtres, les Jésuites et la Bastille.

Le nom de Pentemont provenait de Bénédictines, dont la maison mère s'élevait, à l'origine, sur les pentes du mont Saint-Symphorien, près de Beauvais. Une inondation, survenue en 1731, détermina leur transfert à Paris. Leur abbaye

Richelieu

Gaston d'Orléans

Collection du Louvre.

prospéra si rapidement, qu'en 1790 elle disposait de 58000 livres de rente. Comme elle avait
été convertie, lors de sa cession pour le culte
réformé, en un dépôt d'habillements, le ministre
de la guerre refusa de s'en dessaisir et le Consistoire n'en prit possession qu'en 1846, à la fin
du règne de Louis-Philippe.

Enfin, l'Oratoire est aussitôt devenu le centre
le plus important de l'Eglise Réformée de
Paris. Au XVIme siècle, sur son emplacement,
se trouvait l'hôtel du Bouchage, possédé par
Gabrielle d'Estrées, et dans lequel fut amené
Henri IV après la tentative d'assassinat commise par Jean Châtel « Sire » osa lui dire en
cette circonstance Agrippa d'Aubigné, « Dieu
vous a frappé aux lèvres, parce que vous ne
l'avez encore renié que de bouche, mais prenez
garde, si, un jour, vous le reniez du cœur, qu'il
ne vous frappe au cœur. » L'église fut cons-
truite en 1625, sous le règne de Louis XIII, par
le fondateur du nouvel ordre, le cardinal de
Bérulle qui y mourut en 1629, pendant qu'il
célébrait la messe dans une chapelle. Le por-
tique n'a été construit qu'en 1745 ; la Bibliothèque, forte de 38,000 volumes, a été répartie
entre la Nationale et la Mazarine. Bossuet qui,
tout en proscrivant le théâtre, excellait dans la

mise en scène de ce genre de spectacles, y présida, en 1693, à l'abjuration, sous la croix, du
ministre Isaac Papin, le neveu de Denis, l'illustre inventeur et physicien de Blois. Le
Régent, Philippe d'Orléans, faisait chaque
année une retraite à la maison conventuelle
de l'Oratoire, pour y procéder à la cérémonie,
toujours délicate, de ses Pâques, puisqu'il était
libertin par la pensée aussi bien que les mœurs.
La Congrégation a compté parmi ses membres
d'éloquents prédicateurs, tels que Mascaron et
Massillon, de solides et loyaux érudits, tels que
Richard, Simon, Mabillon, Daunou, et aussi
des politiciens, tels que Fouché, duc d'Otrante.
Sous les voûtes qui ont autrefois entendu la
langue classique du XVIIme siècle, ont retenti
des accents aussi puissants et aussi purs, mais
plus évangéliques, avec Athanase Coquerel et
Adolphe Monod. Au chevet du temple s'élève
aujourd'hui, grâce à une souscription nationale,
la statue de Gaspard de Coligny, le grand
amiral, tombé à quelque pas de là, sous les
balles des assassins.

Il a été doux à notre cœur, en un temps aussi
oublieux que le nôtre, d'évoquer ces glorieux
souvenirs de notre passé évangélique. Nul ne les
recueillait avec une aussi intelligente piété et

ne les possédait avec une plus scrupuleuse exactitude qu'un descendant de Jacques Bordier, Henri Bordier, le docte biographe des Huguenots dans la deuxième édition de la France Protestante, qui siégea de 1882 à 1888 au Conseil Presbytéral de la paroisse de l'Oratoire.

IX

Nous revenons à Petitot après un détour un peu long, il est vrai, mais accompli à travers une région qui lui était absolument sympathique. L'arrêt de Révocation, en abolissant la liberté de conscience, lui enlevait un bien plus précieux que la vie. Le chagrin et la maladie assombrissaient sa vieillesse. Comme le faisaient déjà et comme le font encore plusieurs Genevois établis dès leur jeunesse à l'étranger, il aurait voulu passer ses dernières années à l'ombre des clochers de Saint-Pierre et y jouir, au sein de sa nombreuse famille, de la modeste aisance amassée par son habile et laborieux pinceau. Malheureusement son titre et ses fonctions officielles le retenaient au Louvre, dont il ne pouvait partir sans l'autorisation expresse du monarque. Louis XIV, auquel répugnait tout changement dans son entourage, vit dans la requête, pourtant si compréhensible, de son fidèle serviteur, la marque d'une choquante ingratitude. Il aurait trouvé étrange, d'après le témoignage même de Petitot, que l'artiste genevois voulût, seul parmi ses sujets, s'affranchir d'une obligation des plus honorables et dont une longue habitude devait lui faciliter l'accomplissement. L'insistance, apportée par le peintre octogénaire dans ses démarches, n'aboutit qu'à le faire emprisonner au Fort l'Evêque. Il se vit également rayé sur la liste des membres de l'Académie Royale.

A peine Petitot avait-il été installé dans sa geôle, qu'il reçut la visite de Bossuet, très ardent dans la lutte contre l'hérésie et très désireux d'opérer d'abondantes conversions parmi les adeptes de la religion prétendue réformée, afin de consolider son crédit à la cour et d'établir la légitimité de la Révocation. Au reste tous les prélats agirent de même, comme Mr Douen l'a montré, à propos des Protestants du Poitou et de la Saintonge, pour celui que ses admirateurs se plaisent à nommer le doux et tolérant Fénelon. Le peintre octogénaire ne se laissa ébranler ni par les arguments ni par les menaces de son impérieux interlocuteur, mais ses

maux physiques, accrus par une réclusion pro-
longée, de multiples mesures de rigueur, entre
autres le transfert dans un couvent et la mise au
secret, la perspective imminente des galères,
de la torture, peut-être de la mort, triomphè-
rent de sa résistance et accomplirent, au bout
de quelques semaines, l'œuvre néfaste, devant
laquelle avait échoué la plus captieuse dialectique. De guerre lasse et dans un accès de
désespoir, Petitot consentit à mettre sa signature au bas d'un acte d'abjuration. L'assistance
à la messe lui fut toutefois épargnée, une
preuve entre beaucoup d'autres, que le gouvernement royal se contentait, lors des prétendues
rentrées dans le giron de l'Eglise, de manifestations purement extérieures.

Les magistrats de Genève n'avaient négligé
aucune démarche pour obtenir la libération de
leur malheureux ressortissant, comme le témoigne une lettre écrite, le 10 mai 1686, par
M. Du Puy, le secrétaire d'Etat de la petite
République, au ministre français des Affaires
étrangères, le marquis Colbert de Croissy,
mais les plus puissantes sollicitations échouè-
rent devant la volonté nettement arrêtée de
Louis XIV, qui se montra toujours inflexible
en matière de conversion.

Voici la teneur de la lettre écrite par Du Puy
sur l'ordre du Conseil.

Du IIme May 1686.

A Monsieur de Croissy,

Monsieur,

Les parens du sieur Petitot, nostre citoyen,
nous ayant représenté qu'il est arresté à Paris
dans un couvent dès quelque temps et supplié
de nous employer à luy procurer sa libération,
nous avons creu que S. M. n'auroit pour désa-
gréable que le dit sieur Petitot, étant né nostre
citoyen et ayant tousjours supporté les charges
de nostre ville, nous nous intéressions dans son
eslargissement. C'est dans cette veue que nous
nous adressons à V. E. pour la supplier très
humblement, que, par son puissant crédit, nostre dit citoyen, qui se trouve dans un âge très
avancé, puisse obtenir sa libération et la liberté
de revenir en sa patrie pour y finir ses jours et
jouir par ce moyen de la mesme grâce qu'il a
plu à S. M. d'accorder à divers autres étrangers. C'est ce que nous espérons de la justice
et de la bonté de S. M. et des favorables incli-
nations que V. E. a pour nostre Estat. Nous
luy en avons une très particulière obligation et

rechercherons toutes les occasions à luy témoigner que nous sommes, Monsieur,

(Carnet des Missives du Conseil, folio 201.)

A peine Petitot eut-il consenti à son acte de faiblesse qu'il en éprouva un violent remords et s'en excusa humblement auprès du Petit Conseil à Genève. Sa femme l'avait précédé, le 31 mai 1686, dans cette voie, par une lettre tout à la fois des plus dignes et des plus touchantes, qui fait grand honneur à la solidité de ses convictions et à sa vaillance morale.

Messeigneurs,

Quoique, jusqu'à présent, la demande, que vous nous avez fait l'honneur de faire à M. de Croissy de M. Petitot comme vous appartenant, n'ait encore rien servi et qu'il a fallu qu'il ait signé comme les autres, pour sortir de l'affreux lieu où il a été un mois sans voir personne de sa famille, il ne laisse pas, ni moi non plus, de vous en avoir à tous toute la reconnaissance possible, espérant qu'avec le temps le roy, voyant l'obéissance qu'il a eue pour ses ordres, il fera quelque considération de la demande que vous avez eu la bonté de lui faire d'un pauvre homme qui ne se consolera jamais d'avoir été contraint par les accès de fièvre, qu'il a eus

dans le couvent, (appréhendant d'y demeurer),
d'y faire ce qu'il y a fait, en déclarant que ce
n'était que par force. Nous nous flattons encore qu'après ce chaos passé, nostre bon roy
vous accordera, Messeigneurs, la prière que
vous lui faites avec tout l'empressement possible, dont nous vous serons toute notre vie
obligés, les uns et les autres, et particulièrement cette chère personne, qui est si accablée,
qu'elle n'a pas encore la force de vous faire
elle-même ses complimens. Vous les recevrez,
s'il vous plaist, Messeigneurs, de luy et de moi,
puisque nous vous prions, avec tout le respect
que nous vous devons, de nous tenir pour vos
plus acquis serviteur et servante, Messeigneurs.

PETITOT.

Les historiens n'ont pas, selon nous, mis
suffisamment en lumière l'héroïsme calme et
persévérant déployé par les femmes de France
pendant les périodes successives de la Réforme. Je ne parle pas de celles qui occupent, dans les annales de leur pays, une
place d'honneur, une Marguerite de Navarre
et une Jeanne d'Albret, une Eléonore de Roye,
princesse de Condé et une Louise de Coligny,
veuve de Guillaume le Taciturne. J'entends

les modestes et pieuses représentantes du peuple et de la bourgeoisie, dont les noms seuls, faute de tout autre document certain, ont été recueillis par les doctes auteurs de la *France protestante,* sur les registres du Refuge pieusement gardés aux archives de Londres et de La Haye, de Berlin et de Francfort, de Lausanne et de Zurich, ignorées par le monde et d'autant plus chères à leur Père céleste. Au XVIme siècle elles écoutèrent avidement la bonne parole annoncée par les messagers de Wittemberg et de Genève, entonnèrent de tout leur cœur les Psaumes, mis en vers par Clément Marot et Théodore de Bèze, et marchèrent avec une si joyeuse intrépidité au supplice qu'elles émurent toujours et convertirent souvent leurs bourreaux. Au XVIIme siècle elles sacrifièrent à la profession du pur Evangile leur tranquillité, leur opulence, leurs plus chères affections domestiques et firent admirer par l'étranger la science et la vertu calvinistes. Au XVIIIme elles se cachèrent, dans les broussailles et les rochers des Cévennes, pour entendre Paul Rabaut et les autres ministres proscrits et firent retentir de leurs humbles cantiques les sombres voûtes de la tour de Constance. Grâce à Dieu, leur forte race s'est perpétuée dans notre Eglise. Puissent-elles, comme elles l'ont fait pour nos pères, travailler à l'instruction, à l'édification, à la consolation de nos descendants !

La lettre de Petitot, envoyée quelques jours après celle de son épouse, gagne immédiatement la sympathie par le profond repentir dont elle témoigne et son sincère accent d'humilité.

Messeigneurs,

Les disgrâces, qui me sont arrivées, dès quelque temps, me seraient moins sensibles qu'elles ne sont, si je pouvais avoir assez de reconnaissance et de remerciements à vous rendre, Messeigneurs, des grâces et des bontés dont il vous a pleu m'honorer, n'ayant rien omis en tout ce qui pouvait me procurer du repos et la joie d'aller finir mes jours en ma patrie. La lettre qu'il vous a plu, Messeigneurs, d'écrire, par une grâce singulière, à M. de Colbert-Croissy en ma faveur, n'ayant rien pu obtenir près de Sa Majesté, laquelle a témoigné que je voulais être le seul en son royaume qui fut exempté et dit que les longues années de mon séjour en France ne le pouvaient permettre. J'avoue que cela m'a mis dans une sensible affliction et porté à la résolution de sortir d'entre les mains des personnes, chez lesquelles on m'avait relégué, pour revenir en ma famille et avec elle chercher le pardon d'en haut et les consolations et le moyen d'y vivre éloigné de tout ce qui s'oppose à la pureté du Christianisme. La Providence nous a voulu rendre participans avec nos frères de la dernière désolation, en la perte de toutes les églises du royaume. Il faut avoir une grande soumission pour ses châtiments, étant l'œuvre d'en haut. Je prie le Seigneur, de toute la force de mon âme, de vouloir être le protecteur de votre République. Je ne cesserai jamais de faire des vœux et des prières ardentes pour sa conservation et sa prospérité, comme aussi, Messeigneurs, pour celles de vos personnes, mes souverains, desquels, avec un profond respect, j'ai l'honneur de me pouvoir dire, Messeigneurs.

le très-humble et très-obéissant et fort obligé subject.

PETITOT.

Sur le verso de la lettre se trouve une brève annotation du secrétaire Du Puy « Vu le 17 juin 1686 ».

Malgré les actives démarches de ses protecteurs, l'artiste octogénaire ne put sortir qu'en 1687 de la maison conventuelle où il était ri-

goureusement détenu. Louis XIV, lorsqu'il eut
été informé de sa conversion apparente, ne
s'opposa plus à sa libération, mais répondit,
avec une dédaigneuse froideur, à un de ses fils,
le remerciant pour la grâce finale, qu'il com-
prenait, après tout, qu'un vieillard désirât être
enseveli auprès de ses ancêtres. Au commencement de cette même année 1687, Petitot, accompagné d'une partie de sa famille, quitta Paris
où il n'avait pas séjourné moins de 37 années,
pour gagner Genève au risque de sérieux
périls.

Le Consistoire de l'Eglise de Genève, aussitôt
qu'il fut prévenu de l'arrivée du malheureux
apostat, délibéra sur la procédure qu'il adop-
terait à son égard. Il convient d'observer que
les arrêts de cet illustre corps, s'ils furent quelquefois empreints d'une rigueur excessive,
furent toujours pris avec une impartialité absolue; nobles et roturiers, riches et pauvres, forts
et faibles, étaient égaux devant lui; jamais il ne
fit acception de personne. Nous lisons, à la date
du 22 mars 1687, dans les *Notes Extraites des
Registres du Consistoire de l'Eglise de Genève
1541-1814*, par le syndic Cramer :

« A été représenté que M. Petitot, de retour
« depuis peu de jours en cette ville avec partie

« de sa famille, et comme ils ont été obligés
« par la force de la persécution, de signer une
« forme d'abjuration. S'il ne suffisait pas qu'ils
« en fissent la réparation par devant M. le pas-
« teur du quartier, sans les obliger de venir
« ceans comme citoyens? Advisé de se con-
« tenter de la voie particulière à son égard,
« parce qu'il conste qu'il n'a point été à la
« Messe ».

Il ressort de cet extrait que le redoutable tri-
bunal disciplinaire tint compte au malheureux
artiste des circonstances dramatiques dans lesquelles s'était produit un acte momentané de
faiblesse, immédiatement expié par plusieurs
mois d'un sincère et touchant repentir, renonça
à le faire comparaître solennellement à sa barre
et se contenta de la voie plus bénigne d'un entretien confidentiel avec un pasteur de la paroisse de Saint-Gervais.

La réclusion et les angoisses avaient profon-
dément altéré la constitution si vigoureuse de
Petitot. L'atmosphère salubre du pays natal et
la réintégration au sein de l'Eglise Réformée
lui rendirent, avec ses forces, l'ardeur au travail
et la confiance en sa vocation artistique. Jean
Sobieski, le glorieux vainqueur des Turcs devant Vienne et la reine de Pologne, sa com-

pagne, désireux de posséder une de ses œuvres, lui envoyèrent leurs portraits, pour qu'il les reproduisît sur émail. Le peintre octogénaire s'acquitta brillamment de sa mission et livra un travail qui ne le cédait en rien, pour la fermeté des lignes et l'éclat du coloris, aux meilleurs parmi ceux qu'il avait exécutés dans sa jeunesse. Les deux personnages, par une ingénieuse combinaison, sont représentés sur la même plaque, la reine étant assise sur un trophée guerrier et tenant dans la main droite l'effigie de son glorieux époux. Le prix convenu s'éleva à 100 louis d'or. Le Musée Rath a hérité, de la Bibliothèque de Genève, la reproduction d'un tableau célèbre de Lebrun : la famille de Darius aux pieds d'Alexandre. La pièce, sur or et de fort grandes dimensions, puisqu'elle mesure 13,1 cent. de long sur 9,2 cent. de large, est malheureusement restée inachevée et aurait réclamé au moins deux ou trois feux supplémentaires, pour atteindre la perfection habituelle de ses congénères.

Tous les étrangers de distinction, qui séjournaient à Genève, et ils étaient nombreux à cette époque, se faisaient un devoir et un plaisir de visiter l'illustre artiste. Leur affluence augmenta même dans de si fortes proportions,

Madame de Montespan

Madame de Montbazon

Collection du Louvre.

que Petitot craignit d'être troublé dans le recueillement indispensable à la fin d'une laborieuse existence. Vevey, dont l'admirable situation n'avait pas encore été gâtée par la multitude des touristes et leurs malencontreuses créations architecturales, lui parut une retraite plus propice. Ses dernières années se partagèrent entre la pratique assidue de son art et la méditation des vérités éternelles. Une attaque de paralysie, survenue le 3 avril 1691, le terrassa au cours de sa quatre-vingt quatrième année, pendant qu'il fixait sur l'émail, pour la dernière fois, les traits aimés de sa fidèle et vaillante épouse. Si nous ne nous trouvions pas dans un austère milieu calviniste, nous évoquerions la fable charmante de Philémon et de Baucis.

Paul Petitot, qui se chargea de continuer le journal de famille, y écrivait à la date du 8 avril: « Puisque notre père a mis, dans le commen
« cement de ce livre, une partie de ce qui lui
« est arrivé, il est juste que nous y ajoutions
« ses derniers moments, lesquels n'ont pas été
« moins pieux et saints que pendant sa vie,
« puisqu'il n'a jamais eu autre chose dans sa
« pensée, jusqu'au dernier moment de sa vie,
« que de donner gloire à Dieu et d'embrasser

« son Sauveur, et qu'il a eu pour dernière pa-
« role : «Viens, Seigneur Jésus, viens bientôt! »
« Après quoi le bon Seigneur reçut son esprit,
« lequel il rendit, après quelques heures d'ago-
« nie, le jeudi 3 avril 1691, à 7 heures du soir,
« et a été mis le samedi 5, à 9 heures du matin,
« dans la tombe de Mme de Blonay, dans
« l'église de Saint-Martin, à Vevey. Il avait
« quatre-vingt et quatre ans, quand il est
« mort, et travaillait le mardi de la semaine,
« dans laquelle il décéda le jeudi, au portrait
« de notre mère, qui est ce qu'il a toujours de-
« mandé à Dieu, de pouvoir travailler jusqu'à
« son dernier jour, ce qui lui a été accordé,
« puisqu'il n'a été qu'un jour malade. »

Tout commentaire serait superflu après ce récit, si émouvant dans sa simplicité. L'incontestable mérite artistique de Bordier et de Petitot est rehaussé par leur caractère franc et loyal, soutenu par de fortes convictions religieuses, leur scrupuleuse délicatesse pécuniaire, l'absence, chez eux, de toute malsaine ambition et de toute vulgaire intrigue.

Une dernière question se pose à notre curiosité. Pourquoi les portraits exercent-ils une irrésistible attraction sur l'historien ? La réponse me semble aisée et je n'hésite pas à dire :

à cause de l'abondante et vive lumière qu'ils jettent sur ses études favorites. Nous sommes introduits par Bordier et Petitot auprès des hommes les plus distingués et des femmes les plus charmantes de la cour de Louis XIV. Avec Holbein nous pénétrons dans la Bâle de la Renaissance groupée autour d'Erasme, de l'imprimeur Froben, du jurisconsulte Amerbach, du bourguemestre Meyer. Aucun psychologue n'est entré plus avant dans l'intimité de Léon X que Raphael dans le chef-d'œuvre du palais Pitti. Si riches et si précises que soient les archives vénitiennes, nous ne connaîtrions pas entièrement les doges et les provéditeurs de la sérénissime république sans les images que nous ont laissées d'eux, Véronèse, Tintoret, Titien. — Rembrandt, d'un geste superbe, appelle à l'existence la société hollandaise du XVIIme siècle : tous ses membres, soldats et marchands, pasteurs et rabbins, érudits et magistrats, joyeux convives et vieillards moroses, sortent de leurs tombeaux, pour se graver dans nos mémoires en traits indélébiles. La décadence de l'Espagne sous Philippe IV et Charles II rencontra en Velasquez le plus puissant et le plus sagace des observateurs. L'intelligente et fière aristocratie, qui, à la fin du

XVIIIme et au commencement du XIXme siècles,
présida aux destinées politiques de l'Angleterre,
défile devant nos yeux charmés dans les toiles
de Reynolds et de Gainsborough, de Lawrence
et de Raeburn. Plus rapidement et plus sûre-
ment que les plus doctes et les plus exacts
annalistes, les maîtres de l'art ont prouvé, par
la magie de leur pinceau, que l'histoire est une
évocation du passé, une vivification, une résurrection.

CATALOGUE
DES EMAUX DE PETITOT

―――

I. FRANCE

A. MUSÉE DU LOUVRE

M. Frédéric Reiset écrivait, en 1869, dans la préface du catalogue des émaux :

« La collection des émaux de Petitot, que possède le Musée du Louvre, était déjà célèbre dans le siècle dernier. Elle était l'un des ornements du cabinet de M. d'Ennery, le savant numismate, de qui Mariette parle en termes élogieux dans les Notes adressées à Horace Walpole : « M. d'Ennery est très connu par sa fameuse collection de médailles, la plus complète et la mieux choisie qu'il y ait peut-être en Europe. Les portraits de Petitot, qu'il possède, avaient été rassemblés pour la plupart par M. Desvaux, pareillement curieux de médailles, lesquelles ont passé avec les Petitot, après sa mort, entre les mains du possesseur actuel. Il ne faut pas s'imaginer que tous les portraits soient d'une égale force ; je les ai vus, plusieurs m'ont paru faibles, quelques-uns m'ont semblé apocryphes. En général la collection est pourtant considérable. Je me souviens d'y avoir admiré le portrait de Mme de Maintenon, dont M. Walpole ne fait pas mention. »

A la mort de M. d'Ennery, les émaux de Petitot furent acquis, en 1786 et avant toute vente publique, par M. Dangivilliers, pour le roi Louis XVI et payés 72,000 livres.

Le 7 Novembre 1792, on les envoya au cabinet des Antiques de la Bibliothèque Nationale. Là ils furent placés dans une « montre », ainsi que le prouve une note de M. Cointreau, publiée dans le tome III des *Archives de l'Art Français*. Le 27 Janvier 1793, on acquit de M. d'Hardoncelle, au prix de 60 louis, et l'on joignit aux autres un émail représentant Monsieur, Frère de Louis XIV.

La collection ne resta pas longtemps à la Bibliothèque Nationale. Elle fut réclamée (Ventose an III, Mars 1795) par le Conservatoire du Museum qui adressa une demande au Comité d'Instruction publique. On fit droit à cette demande. Les émaux furent livrés aux représentants du Museum des Arts, le 24 Nivose an IV (Février 1796), et figurèrent à la première exposition des dessins qui s'ouvrit dans la galerie d'Apollon, le 28 Thermidor an V (Juillet 1797).

Avec le tact critique qu'il possédait à un si haut degré, Mariette avait, on vient de le voir, remarqué de réelles différences de mérite entre les divers émaux de la collection d'Ennery. Tous cependant étaient présentés comme étant des Petitot et, malgré de choquantes discordances, les différents catalogues du Louvre avaient conservé l'ancienne attribution. Nous avons, après étude approfondie, essayé d'établir le triage nécessaire et nous nous sommes efforcé de ne laisser sous le nom du grand peintre en émail que les ouvrages qui sont réellement de sa main ou, tout au moins, dignes de son talent. Le nombre en est encore fort élevé. »

A. Catalogue des Emaux de Petitot. [1]

1. *Anne d'Autriche*. Elle est en buste et vue de trois quarts, tournée à gauche. Elle porte un voile de veuve. Grande guimpe sous laquelle on aperçoit un collier de perles. Pendants d'oreilles. Email de forme ronde. Diamètre 0,030. — D'après Philippe de Champagne. Au verso de cet émail on voit la lettre A, surmontée de la couronne et placée entre des palmes.

2. *Anne d'Autriche*, vue de trois quarts et tournée vers la gauche. Corsage décolleté. Collier de perles. On aperçoit, au sommet de la tête, la pointe du voile de veuve. Email forme ovale H 0,025 — L 0,022. D'après le portrait peint par Pierre Mignard et gravé avec quelques changements, en 1660, par Nanteuil, ou d'après le portrait de Nanteuil daté de 1666.

3. *Anne d'Autriche*. Répétition du portrait précédent.

[1] Nous ne donnons pas les numéros du Catalogue actuel, les émaux ayant été changés de place depuis sa publication.

Email, forme circulaire. Diamètre 0,020. Ce portrait est fixé sur un médaillon en nacre, enrichi d'une couronne, et d'ornements d'or, enchassés de roses et de chrysoprases. Deux anges en nacre de perle avec têtes en ivoire complètent la décoration de ce petit monument, qui paraît avoir été exécuté dans le XVIIe siècle, en l'honneur d'Anne d'Autriche et de ses deux fils. Acquis en 1835, en vente publique, au prix de 1200 fr.

4. *Louis XIV jeune*, en armure. Large collerette rabattue et garnie de dentelle. Echarpe blanche. Les cheveux, bruns et bouclés, ne tombent pas sur les épaules. Email forme ovale H 0,027 — L 0,022. D'après le portrait peint par Pierre Mignard et gravé par de Poilly en 1660.

5. *Louis XIV jeune,* avec de longs cheveux. Il est vu de trois quarts, tourné à droite, et porte sur sa cuirasse un rabat uni orné de dentelles. Très légères moustaches. Email forme ovale H 0,025 — L 0,022. D'après le portrait peint par Nicolas Mignard d'Avignon et gravé par van Schuppen en 1662, ou d'après celui de Charles Lebrun peint en 1663 et gravé également par van Schuppen avec bordure composée par Mignard.

6. *Louis XIV en armure.* Sous une cravate, dont les deux bouts sont ornés de larges guipures, on aperçoit le cordon bleu. Petites moustaches légèrement retroussées. Email forme ovale H 0,022 — L 0,019. D'après le portrait de Charles Lebrun, gravé par A. Masson en 1679.

7. *Marie-Thérèse,* vue en buste et de trois quarts et tournée à gauche. Cheveux blonds qui tombent en

longues boucles sur les épaules. Collier de perles et boucles d'oreilles. Robe blanche décolletée. Email forme ovale H 0,037 — L 0,029. D'après le portrait peint par Beaubrun et gravé par N. Pitau en 1662.

8. *Marie-Thérèse*. Elle est vue en buste et tournée vers la gauche. Cheveux blonds et bouclés. Corsage décolleté. Collier de perles. Email forme ovale H 0,025 — L 0,023. L'émail paraît être peint d'après le même portrait que le précédent, mais avec quelques changements.

9. *Marie-Thérèse*. Les cheveux sont bouclés et moins tombants que dans les portraits précédents. Les traits et la pose sont d'ailleurs les mêmes. La robe est bleue et garnie de guipures. Email forme ovale H 0,022 — L 0,019.

10. *Le Grand Dauphin,* fils de Louis XIV, vu de trois quarts et tourné à droite. Grande perruque tombant sur la cuirasse. Un large nœud rouge passe sur un rabat de guipure. Email forme ovale H 0,027 — L 0,024. D'après le portrait de Nanteuil gravé en 1677.

11. *Le cardinal de Richelieu,* vu de trois quarts, tourné à gauche et portant sur son vêtement le cordon du Saint-Esprit. Col rabattu. Email forme ovale. H 0,037 — L 0,030. D'après le portrait en buste peint par Philippe de Champagne et gravé par Morin. Au verso se voient les lettres A R, émaillées de blanc sur fond vert, formant un chiffre double et surmontées de la couronne ducale ainsi que du chapeau de cardinal.

12. Portrait présumé de *Madame de Combalet, duchesse d'Aiguillon* et nièce de Richelieu. La duchesse est vue de buste, de trois quarts et tournée à gauche.

Cheveux châtains et bouclés. Une étoffe de soie jaune est attachée au sommet de la coiffure et retombe sur l'épaule. Collier et boucles d'oreilles en perles. Email forme ovale H 0,025 — L 0,022.

13. Autre portrait présumé de *Madame de Combalet*, vue de trois quarts et tournée à gauche. Cheveux châtains avec de petites boucles sur le front et une longue boucle partant du sommet de la tête pour tomber sur l'épaule. Collier et boucles d'oreilles en perles. Email forme ovale H 0,024 — L 0,020. Cet émail, ainsi que le précédent, ne ressemble en rien aux portraits de la duchesse d'Aiguillon, gravés par Moncornet et par Langot.

14. Portrait présumé de la *duchesse de Montbazon,* vue presque de face. Cheveux noirs, courts et bouclés. Robe bleue à ramages d'or et garnie de guipures. Boucles d'oreilles en perles. Email forme ovale H 0,028 — L 0,025. Les portraits, d'ailleurs fort médiocres, que nous possédons de Mme de Montbazon ne ressemblent pas à notre émail.

15. Portrait présumé de la *duchesse de Fontanges.* La duchesse est en buste, le corps de face, la tête tournée de trois quarts à gauche. Cheveux châtain clair. Nombreuses petites boucles sur le front et le long du visage. Chaînes de perles mêlées aux cheveux épars du haut de la tête avec boucles tombant sur l'épaule. Boucles d'oreilles en perles. Robe blanche garnie de passementerie d'or. Email forme ovale H 0,029 — L 0,025. Le seul portrait de Mme de Fontanges qui paraisse présenter quelque authenticité, celui gravé en 1687 par Larmessin,

se trouve malheurensement en complet désaccord avec notre émail.

16. *Messire Balthazar Phélypeaux, marquis de Châteauneuf,* conseiller et secrétaire d'Etat. Phélypeaux y est vu presque de face, mais un peu tourné à droite. Grande perruque blonde. Rabat de guipure recouvrant le cordon bleu. Email forme ovale H 0,031 — L 0,027. D'après le portrait peint par Pierre Mignard et gravé par Charles Vermeulen. Cet émail était inscrit dans les anciens catalogues sous le nom du marquis de Lavardin.

17. Portrait d'*une jeune femme* vue en buste, la tête de trois quarts et tournée à gauche. Cheveux châtains, bouclés et ornés de fleurs. Collier de perles et pendants d'oreilles. On ne voit pas le corsage de la robe que recouvre une large guirlande de fleurs naturelles. Email forme ovale H 0,024 — L 0,020. Ce joli petit émail a été gravé comme étant le portrait de Mme de Maintenon dans sa jeunesse. Cette attribution nous paraît imaginaire et le catalogue de 1820 l'enregistrait avec plus de justesse sous le nom de Dame inconnue.

18. Portrait présumé de *M. de Malezieu,* vu de trois quarts et tourné à droite. Perruque brune et bouclée tombant sur une robe rouge. Nœud et rabat de guipure. Email forme ovale H 0,028 — L 0,025. Le portrait de Malezieu, que possède la Bibliothèque Nationale et qui est gravé par D. Berger, n'offre aucun rapport avec notre émail. Le portrait du même personnage, gravé par Edelinck d'après Jean-François de Troy, n'y ressemble pas davantage.

18. *Madame de Maintenon*. La marquise est vue en buste et tournée vers la droite, la tête de trois quarts et les épaules de profil. Les cheveux châtains tombent en boucles légères. Perles au cou, aux oreilles et dans les cheveux. Une agrafe de diamants et de perles retient sur l'épaule droite une robe blanche garnie de dentelles et recouverte de l'autre côté par un manteau rouge. Fond de ciel et à droite montagnes bleues. Email forme ovale H 0,034 — L 0,030. D'après le portrait peint par Mignard et gravé par Giffard en 1687. Le même type a été reproduit par un anonyme chez Habert et, plus tard, dans la suite d'Odieuvre par Bernard Lépicié. En 1687, Mme de Maintenon avait 52 ans. Le portrait de Mignard a été peint vraisemblablement dix ou douze ans auparavant, lorsqu'elle était encore dans tout l'éclat de sa beauté. Cet émail faisait l'admiration de Mariette, qui l'avait vu dans la collection d'Ennery, et a été gravé plusieurs fois, notamment par Mercuri, qui se montra dans sa planche le digne émule de Petitot.

19. Portrait présumé de *Madame de Sévigné*. La marquise est vue de trois quarts et tournée à gauche. Cheveux blond cendré formant de grosses boucles de chaque côté de la tête. Perles au cou et aux oreilles. On aperçoit à peine le corsage de la robe. Fond de ciel. Email forme ovale H 0,032 — L 0,028. Ce portrait est regardé assez généralement comme authentique, quoiqu'il ressemble fort peu au pastel de Nanteuil, successivement gravé par divers artistes, mais ce pastel, qui dut être un des derniers ouvrages de son auteur, représente

une femme d'une cinquantaine d'années, tandis que le modèle de notre émail est plus jeune de douze ou quinze ans. Il ne semble donc pas impossible que la différence d'âge soit la cause principale des divergences que présentent les deux portraits. •

20. *Frédéric-Armand, comte de Schomberg,* maréchal de France, mort en 1690. Le maréchal est vu de trois quarts et tourné à gauche. Perruque blonde tombant sur la cuirasse. Cravate dont les bouts sont ornés de guipure. Email forme ovale H 0,031 — L 0,027. D'après le portrait gravé par Larmessin. Inscrit autrefois sous le nom de Catinat.

21. *Algernon Percy, comte de Northumberland.* Le noble lord est vu en buste, de trois quarts et tourné à droite, l'œil fixé sur le spectateur. Longs cheveux bouclés encadrant la tête. Cuirasse rehaussée d'ornements en or. Email forme ovale H 0,027 — L 0,023. D'après le portrait peint par Van Dyck et gravé, avec quelques légères différences dans le costume, par Houbraken. La tête fut gravée à part par J. Payne, d'après le même original. Précédemment inscrit sous le nom de Gaston de France, duc d'Orléans.

22. *Marie-Jeanne-Baptiste, duchesse de Savoie.* La duchesse est vue de trois quarts et à gauche. Cheveux blond cendré tombant en boucles légères. Collier et pendants d'oreilles en perles. Corsage en étoffe de soie jaune avec ornements bleus, rattaché par une chaîne de perles. Email forme ovale H 0,023 — L 0,020. L'original peint par Beaubrun a été gravé en grand par van

Schuppen en 1666 et en petit par Larmessin en 1667. Précédemment inscrit sous le nom de la duchesse de Montpensier.

23. *Dame inconnue*, vue de trois quarts et tournée à gauche. Cheveux châtains formant de longues boucles sur les épaules. Collier et pendants d'oreilles en perles. Corsage en étoffe jaune rayée de rouge, orné de bijoux avec grosses perles. Email forme ovale H 0,027 — L 0,023.

24. *Portrait d'homme* jeune encore, vu en buste, de trois quarts et tourné vers la droite. Perruque bouclée tombant sur une robe de chambre à ramages d'or. Chemise ornée de dentelles et nouée sur le cou. Email forme ovale H 0,027 — L 0,024. Cet émail, désigné dans le catalogue de 1820, comme étant le portrait d'un Mansard, ne ressemble ni à François ni à Jules Hardoin Mansard. Les portraits de ce dernier, reproduits par la gravure, appartiennent à une époque postérieure.

25. *Anne-Marie-Louise d'Orléans*, épouse de Charles II et reine d'Espagne. La reine est vue de trois quarts et à gauche. Yeux bruns, cheveux noirs, courts, épais et bouclés. Robe bleue avec ornements d'or et draperie jaune. Email forme ovale H 0,030 — L 0,026. D'après le portrait attribué à Pierre Mignard et gravé par Larmessin en 1679.

26. Portrait présumé du *comte de Grignan*. Le comte est vu de trois quarts à droite. Yeux bleus. Grande perruque retombant sur la cuirasse et la recouvrant en partie. Cravate de dentelle nouée autour du cou et formant rabat. Email forme ovale H 0,038 — L 0,033. Cet

émail ne présente aucun rapport avec le portrait du comte de Grignan peint par Largillière et gravé par Lubin.

27. *Marie-Anne de Bavière*, dauphine de France. La princesse est vue presque de face, mais légèrement tournée à gauche. Une boucle de ses cheveux noirs tombe sur l'épaule. Collier de perles et pendants d'oreilles. Robe de brocart d'or garnie de dentelles et manteau bleu. Email forme ovale H 0,025 — L 0,022. D'après le grand portrait peint par Mignard et gravé par de Poilly. Inscrit dans le catalogue de 1820, sous le nom de duchesse de Portsmouth.

28. *Henri-Jules de Bourbon, duc d'Enghien*, fils du grand Condé. Le duc est vu de trois quarts et tourné vers la droite. Yeux bleus. Longue perruque brune retombant sur la cuirasse. Grand rabat orné de dentelles. Email de forme ovale avec un cadre orné de perles fines. H 0,027 — L 0,023. D'après le portrait peint par Mignard et gravé par Nicolas de Poilly, également en 1662, par Larmessin. Inscrit au catalogue de 1820 sous le nom de Gaston d'Orléans.

29. *Anne de Bavière, duchesse d'Enghien*, femme du précédent. La duchesse est vue de trois quarts et tournée à gauche. Yeux bleus. Cheveux blonds formant trois longues boucles pendantes. Collier et pendants d'oreilles en perles. Corsage jaunâtre. Email de forme ovale et avec un cadre pareil à celui du précédent. H 0,025 — L 0,022. D'après le portrait publié par la veuve Moncornet. Inscrit dans le catalogue de 1820, sous le nom d'Anne de Gonzague, princesse palatine.

30. *Louise-Marie de Gonzague,* reine de Pologne. La reine est vue en buste, de trois quarts et tournée à droite, couronne en tête et globe en main. Robe bleue et manteau rouge brodé d'hermine. Email forme ovale. H 0,036 — L 0,030. D'après le portrait peint par Juste d'Egmont et gravé par Honding en 1649 et par Nanteuil en 1653. Les deux estampes offrent, malgré quelques différences dans l'ajustement, une identité frappante. Une gravure très médiocre, publiée à Anvers chez P. de Jode, représente la reine, le globe en main et dans la même pose que notre émail. Inscrit dans le catalogue de 1820, sous le nom de Christine, reine de Suède.

31. Potrait présumé de Mme *de Ludre* vue en Madeleine. La duchesse est vue presque de face. Longs cheveux noirs déroulés et tombant sur la poitrine nue. Draperie rouge. Email forme ovale H 0,037 — L 0,031. Le portrait de Mme de Ludre, gravé par Larmessin, ne pourrait, en raison de la différence de costume, être invoqué, soit à l'appui, soit au détriment de la dénomination donnée à notre émail.

32. *Dame inconnue,* vue de trois quarts à gauche. Cheveux blonds enveloppés d'une draperie jaune qui retombe sur le corsage. Email forme ovale H 0,026 — L 0,027.

33. *Paul-Jules de la Porte, duc de la Meilleraye.* Le duc est représenté jeune encore, de trois quarts et tourné à gauche. Longs cheveux tombant sur la cuirasse, nœud et rabat de guipure. Email forme ovale H 0,026 — L 0,021. D'après le portrait peint par Bon Boulogne et

OLYMPE MANCINI

MADAME DE GRIGNAN

Collection du South Kensington Museum.

gravé en 1679 par Gautrel. Inscrit dans le catalogue de 1820, sous le nom du marquis de Villarceaux.

34. *Elisabeth*, fille de Gaston d'Orléans et femme de Jean-Léopold de Lorraine, duc de Guise. La duchesse est vue de trois quarts et tournée à droite. Cheveux blond cendré tombant en boucles légères sur les épaules. Pendants d'oreilles en perles. Corsage de couleur jaunâtre. Email forme ovale H 0,024 — L 0,021. D'après un portrait gravé chez la veuve Moncornet. L'identité nous paraît certaine, quoique l'estampe soit détestable, tandis que l'émail est plein de grâce et de finesse. Inscrit, dans le catalogue de 1820, sous le nom de Mme de Grignan.

35. Portrait d'*une femme* âgée d'environ quarante ans et portant le voile de veuve. Le buste est vu de face, tandis que la tête se tourne de trois quarts vers la gauche. Cheveux noirs tombant en torsades sous le voile et ornés de perles. Une agrafe et une chaîne de perles retiennent sur le sein la robe qui est blanche et noire. Email forme ovale H 0,035 — L 0,028. Cet émail passa longtemps pour représenter Françoise d'Aubigné après la mort de Scarron, son premier mari, mais rien n'autorise cette dénomination, qui ne repose, croyons-nous, que sur l'habit de veuve porté par le modèle.

36. Portrait présumé de la *princesse de Condé*. La princesse, placée presque de face, regarde le spectateur. Cheveux bruns, épais et bouclés. Robe rouge garnie de fourrure et chemisette de guipure entr'ouverte. Email forme ovale H 0,035 - L 0,031. Les portraits de Mon-

cornet et autres, qui représentent la princesse de Condé, sont exécutés d'après un type qui n'offre aucune ressemblance avec notre émail.

37. *Jean Chardin.* Le célèbre voyageur est vu presque de face, quoiqu'un peu tourné vers la droite. Yeux bruns. Longue perruque brune tombant sur le vêtement garni de fourrure. Email forme ovale H 0,030 — L 0,025. Notre émail paraît concorder avec le portrait de Chardin, gravé par Samuel Thomassin en 1710 et aussi avec celui dont nous sommes redevables à David Loggan, quoique ce dernier ait représenté le célèbre voyageur dans un âge plus avancé. L'émail de Petitot paraît avoir été exécuté d'après le même original que la gravure de Thomassin.

38. Portrait présumé de la *duchesse de La Vallière.* La duchesse est vue à mi-corps, le buste de face et la tête tournée de trois quarts à droite. Yeux bleus. Cheveux bruns formant de grosses touffes de chaque côté du visage. Pendants d'oreilles et collier en perles. Corsage de robe bleu orné de dentelles. Draperie jaune. Email forme ovale H 0,041 — L 0,035. Cet émail porte, inscrit au verso, la date 1673. Le portrait de Mme de La Vallière par Larmessin et celui publié par la veuve Moncornet ne paraissent pas représenter la même personne que notre émail.

39. Portrait présumé de la *marquise de Montespan.* La marquise est vue presque de face. Cheveux blonds tombant de chaque côté sur les épaules et ornés de perles. Corsage rouge et or garni de dentelles. Email forme ovale H 0,030 — L 0,024. Nous n'avons pu retrouver le

type original de cet émail, dont les traits concordent assez exactement avec ceux de l'estampe gravée par E. Picart en 1668. Dans ce dernier portrait le visage est vu presque de profil, ce qui accentue davantage la forme du nez. Deux autres gravures, l'une de Larmessin, l'autre de Golle, imprimées par Nicolas Vischer, quoique faites d'après d'autres originaux, offrent également quelque conformité avec notre émail.

40. *Christine*, reine de Suède. Elle est vue de trois quarts à droite et couronnée de lauriers. Les cheveux châtains encadrent le visage et tombent en petites boucles sur les épaules. Le corsage est orné d'hermine. Email forme ovale H 0,027 — L 0,021. D'après la peinture de D. Beck, gravée à Stockholm, en 1653, par Falck. La tête, la poitrine et le vêtement sont identiques dans l'estampe et dans l'émail, mais Petitot a ajouté sur le sommet de la tête une couronne de lauriers. On remarque aussi un très léger changement dans les boucles du front. Inscrit, dans le catalogue de 1820, sous le nom de la duchesse de Longueville.

41. Portrait présumé de la *femme de Rembrandt*. Saskia est vue presque de face. Cheveux bruns bouclés. Guimpe blanche et manteau garni de fourrures. Robe bleu et or. Email forme ovale H 0,035 — L 0,030. Petitot, en copiant une œuvre de Rembrandt, paraît s'être donné avec elle d'assez grandes libertés.

42. Portrait présumé de *Marguerite de Lorraine, duchesse d'Orléans*. La duchesse est en buste, de trois quarts et tournée vers la gauche. Yeux bruns. Cheveux

noirs tombant en boucles légères sur les épaules. Perles aux oreilles, au cou et au corsage. Fond de ciel. Email forme ovale H 0,035 — L 0,027. La bordure de cet émail est finement sculptée en fleurs émaillées. Quoique nous ne retrouvions pas le type de notre émail, cependant les deux portraits, gravés par Moncornet, s'accordent assez bien avec la dénomination donnée à l'œuvre de Petitot, tandis que le portrait peint par Van Dyck et gravé par Bolswert s'en éloigne sensiblement.

43. *Marie d'Orléans, duchesse de Nemours* (Mlle de Longueville). La duchesse est vue de trois quarts et tournée à gauche. Cheveux blonds bouclés tombant sur les épaules. Collier de perles. Robe de couleur jaunâtre. Email forme ovale H 0,040 — L 0,031. D'après le portrait peint par Beaubrun et gravé par Nanteuil. Ce bel émail est entouré d'une bordure en fleurs émaillées et enrichies de roses. Inscrit, dans le catalogue de 1820, sous le nom de la Dame inconnue.

44. Portrait présumé de *Claude Sarrau,* conseiller au Parlement. Le conseiller est vu de trois quarts et tourné à droite. Cheveux noirs, yeux bruns, petite moustache. Rabat uni. Robe rouge et noire. Email forme ovale H 0,036 — L 0,031.

B. Portraits attribués à Petitot.

1. *Anne d'Autriche.* La reine est vue de trois quarts et tournée à gauche. Cheveux bouclés tombant sur les épaules. Robe noire et voile de veuve, guimpe blanche, collier de perles. Fond de ciel. Email concave et de

forme ronde. D 0,050. D'après le portrait peint par Philippe de Champagne et gravé par Morin.

2. *Louis XIV* dans la force de l'âge. Le roi est vu de trois quarts et tourné à droite. Le cordon bleu passe sur la cuirasse que relèvent des ornements en or. Email forme ovale H 0,026 — L 0,021.

3. Portrait présumé du *Maréchal de Villars*. Le maréchal est vu de trois quarts et tourné à droite. Yeux bleus. Perruque blanche assez courte. Cuirasse avec ornements d'or. Rabat de dentelles retenu par un nœud de soie noire. Email forme ovale H 0,030 — L 0,025. Cet émail ne ressemble en rien aux divers portraits que nous possédons de Villars.

4. Portrait présumé de la *marquise de Thianges*. La marquise est vue de trois quarts et tournée vers la gauche. Yeux bleus. Cheveux châtains retombant en boucles étagées. Collier de perles. Corsage jaune. Email forme ovale H 0,031 — L 0,028.

5. Portrait présumé de la *comtesse de la Suze*. La comtesse est en buste, vue de trois quarts et tournée à gauche. Yeux bruns. Cheveux blonds tombant sur les épaules et ornés de perles. Collier et pendants d'oreilles. Robe bleue et corsage jaunâtre avec agrafe de perles. Email forme ovale H 0,034 — L 0,030.

6. Portrait présumé de Mme *Deshoulières*. Mme Deshoulières est vue en buste et tournée à droite, le corps de face et la tête de trois quarts. La gorge est nue. Une draperie verte et jaune est posée sur une des épaules. Email forme ovale H 0,027 — L 0,023. Ce

portrait ne ressemble pas à celui peint par E.-S. Chéron et gravé en 1693 par Van Schuppen.

7. *Charles de Sainte-Maure, duc de Montausier.* Le duc est vu en buste, le corps de face et la tête de trois quarts tournée à droite. Yeux bleus, perruque grise, petites moustaches. Le cordon bleu passe sur la cuirasse. Un ruban bleu forme nœud sur le rabat de dentelles. Email forme ovale H 0,027 — L 0,024. D'après le portrait peint par Claude Lefebvre et gravé par Jacques Grignon. Inscrit, dans le catalogue de 1820, sous le nom de maréchal de Tourville.

8. Portrait présumé d'*Hortense Mancini, duchesse de Mazarin.* La duchesse est vue de face. Cheveux relevés sur le front. Robe bleu et or doublée de rouge et garnie de dentelles. Email forme ovale H 0,026 — L 0,022. Cet émail ne ressemble en rien au portrait peint par Lely et gravé en 1665 par Lombart. Il nous paraît appartenir en outre à une époque postérieure.

9. *Barbezieux,* fils de Louvois. Le marquis est vu de trois quarts et tourné vers la droite. Il porte un habit bleu avec un nœud rouge sous un rabat de dentelles. Email forme ovale H 0,030 — L 0,027. D'après le portrait peint par Mignard et gravé par Vermeulen.

C. Emaux peints à l'imitation de Petitot.

1. *Charlotte-Marie de Daillon du Lude,* duchesse de Roquelaure. La duchesse est vue de trois quarts et tournée à gauche. Yeux bleus. Cheveux blonds formant des boucles épaisses et encadrant le visage. Collier de perles.

Robe bleue ornée de perles. Email forme ovale H 0,041 — L 0,031. D'après un médaillon peint par Juste d'Egmont et gravé en 1659 par Schuppen, lequel se trouve placé dans le couronnement du tombeau de la duchesse de Roquelaure. Inscrit, dans le catalogue de 1820, sous le nom de Madeleine d'Orléans, duchesse de Savoie.

2. *Marguerite Lemon*. Le corps est vu de profil, tandis que la tête est tournée vers la gauche. Cheveux bruns bouclés tombant sur les épaules et ornés de fleurs. Robe bleue que retient la main droite. Collier de perles. Email forme ovale H 0,055 — L 0,046. D'après une peinture de Van Dyck gravée, soit par Morin, soit, en 1646, par Hollar. Inscrit, dans le catalogue de 1820, sous le nom de Ninon de Lenclos. L'estampe de Morin a été reproduite beaucoup plus tard par un éditeur assez mal renseigné pour la décorer du nom de Jane Grey.

3. Portrait d'une *femme en buste,* dont la chevelure tombe sur les épaules et qui porte un rang de perles. La gorge est découverte, le corsage orné d'un nœud de soie rouge. Email forme ovale H 0,045 — L 0,037. Inscrit, dans le catalogue de 1820, sous le nom de Mme Dupré.

4. Portrait présumé d'*Anne-Marie-Louise d'Orléans, duchesse de Montpensier,* plus connue sous le nom de la Grande Mademoiselle. La princesse est vue en buste, de trois quarts et tournée à droite. Cheveux châtain clair formant de grosses boucles à l'entour du visage. Collier et pendants d'oreilles. Robe bleue garnie de dentelles et ornée de perles. Fond vert. Email forme ovale

H 0,035 — L 0,032. D'après le portrait de Nicolas Raguesson gravé en 1661. L'émail, des plus médiocres, ne reproduit qu'imparfaitement le caractère de l'estampe.

B. MUSÉE DE CONDÉ A CHANTILLY[1]

1. *Gaston de France, duc d'Orléans,* (1608-1660). Le prince est tourné des trois quarts à droite. Sur sa veste jaune se détache une collerette ouverte et brille le collier de l'Ordre du Saint-Esprit.

2. *Mlle de Montpensier,* Anne-Marie-Louise d'Orléans, dite la Grande Mademoiselle, fille de Gaston d'Orléans et de Marie de Bourbon (1627-1693). La princesse, tournée des trois quarts à gauche, porte une collerette en dentelle et les cheveux en boucles. Ses traits se détachent sur un fond gris pointillé. Au revers se voient ses armes qu'entourent deux palmes sur fond blanc.

3. *Louis XIV* vu de face avec un manteau mi-partie bleu et mi-partie jaune, laissant apparaître une tunique rouge et retenu au cou par une agrafe en diamants.

4. *Louis XIV* vu de face en habit de ville. Les deux émaux sont exquis dans leur petitesse.

5. *Louis XIV.* La figure du grand roi se présente de face, tandis que son corps est vu de profil. Une draperie bleue flotte sur son épaule. Il porte une cuirasse d'acier et d'or. Cet émail, qui se trouve monté sur une taba-

---

[1] Le catalogue m'a été obligeamment communiqué par le conservateur, M. Louis Macon.

tière rectangulaire d'écaille noire, offre une ressemblance frappante avec celui possédé par lord Fitzhardinge.

6. *Louis XIV*. Le roi est tourné de trois quarts à droite et porte une longue perruque bouclée. Cet émail forme le dessus d'une tabatière.

7. *Louis, le Grand Dauphin*, fils de Louis XIV. Le prince, tourné de trois quarts vers la droite, porte une cravate rouge, qui se détache sur un rabat brodé. Cet émail a été peint d'après le portrait de Mignard, que possède le Musée de Versailles.

8. *Louis II de Bourbon, prince de Condé*, le Grand Condé (1621-1686). Le prince, tourné de trois quarts à gauche, est représenté en habit de ville.

9. *Claire-Clémence de Maillé Brézé, princesse de Condé*, femme du Grand Condé et nièce du cardinal de Richelieu (1628-1694). La princesse, tournée de trois quarts vers la droite, porte un collier de perles, des girandoles aux oreilles et une robe décolletée bleu clair avec un rehaut de perles sur les épaules. Cet émail s'appareille très bien avec le précédent, soit par les dimensions, soit par la pose des deux personnages. Quelques critiques le tiennent cependant pour le portrait de Christine de Suède.

10. *Henri-Jules de Bourbon, prince de Condé* et fils du Grand Condé (1643-1709). Le prince, tourné de trois quarts à gauche, porte une grande perruque bouclée et une collerette en point de rose. La figure est jeune et imberbe.

11. *Ninon de Lenclos* (1620-1705). Le corps se présente de profil, tandis que la tête, tournée de face, regarde légèrement vers la gauche. Les cheveux bruns sont bouclés et ornés de fleurs. La main droite ramène une écharpe bleue sur la poitrine, la robe, également bleue, est rehaussée par un collier de perles.

12. *Françoise Athenaïs de Rochechouart, marquise de Montespan* (1641-1707). La marquise regarde vers la gauche. La carnation est presque blanche, très légèrement rosée. Les cheveux, d'un blond cendré, sont disposés en boucles. La figure se détache sur un fond brun. La robe blanche est relevée par une écharpe rouge. Sur le cou brille un collier à pendeloques, tandis qu'une broche à trois pendants de perles orne le corsage.

13. Autre émail représentant aussi *Mme de Montespan*, se détachant également sur un fond brun foncé. La carnation se distingue par un rouge plus vif de celle du précédent, mais les cheveux affectent également une teinte blond cendré. La marquise regarde de face et porte un collier de perles sur une robe décolletée en brocart d'or et bleu clair. A ses oreilles pendent des perles noires.

14. *Gabrielle de Rochechouart*, abbesse de Fontevrault et sœur de Mme de Montespan. L'abbesse, tournée des trois quarts vers la gauche, porte le costume de son ordre. L'émail orne le dessus d'une boîte.

15. *Pomponne de Bellièvre*, premier président au Parlement de Paris, mort en 1637. Le président, tourné des trois quarts à droite, porte une robe rouge, garnie d'hermine.

16. *Femme inconnue,* dont la coiffure et le costume se rapportent aux environs de 1680.

17. *Personnage inconnu,* dont la face très rouge se détache sur un fond ocre brun. Les cheveux et la moustache sont d'un beau blanc, l'habit de ville est bleu avec des dessins noirs. Cet émail forme le dessous d'une tabatière ronde en écaille noire, dont le n° 6, un portrait de Louis XIV, orne le dessus.

C. COLLECTION DE M. LE BARON
EUGÈNE ROGER (Paris).

1. *Le marquis de Barbezieux.* — 2. *Marie-Louise d'Orléans.* — 3 et 4. *Louis XIV.* Deux portraits dont l'un représente le roi dans sa jeunesse et l'autre dans son âge mûr. — 5. *La comtesse de Southampton.* — 6. *Mme de Maintenon.* — 7. Un portrait présumé de *Massillon.* — 8. Un autre portrait qui pourrait représenter *La Bruyère.* — 9. *Le cardinal de. Richelieu.* — 10. *La duchesse de Pembroke.* — 11. *Louise-Marie de Gonzague,* princesse Palatine. — 12. *Mme de Combalet,* nièce de Richelieu. — 13. *Une inconnue.* — 14. *Monsieur,* frère du Roi. — 15. *Mme de Montespan.* — 16. *Jacques II,* roi d'Angleterre; ce dernier monté sur une clef de montre, tandis que les autres sont enchâssés dans des boîtes d'or ou d'ivoire.

Je lis dans un carnet d'Henri Bordier, à la date du 23 mai 1884 :

« M. le baron Roger du Nord est venu aujourd'hui sur la recommandation de M. Chabouillet, de la Bibliothèque Nationale, et de M. Reiset, du Louvre, me demander mon avis sur une collection d'émaux de Petitot, dont il est propriétaire, en partie par héritage de famille. Ils sont pour la plupart fort beaux, quoique sans noms certains, à l'exception du cardinal de Richelieu, d'Anne de Gonzague, couronnée, d'une veuve Scarron et d'une Mme de Montespan. Il n'y en avait qu'un de femme blonde qui me fût tout à fait inconnu, ainsi qu'un très grand, (environ dix centimètres de diamètre), qui paraît être un portrait d'homme de lettres, ainsi qu'un petit, qui paraît être un magistrat. Le plus curieux est un portrait que M. Roger du Nord croit être celui de Jacques II, roi d'Angleterre, ce que je ne crois pas, parce qu'il est de la première manière, un peu rude, du peintre, c'est-à-dire d'un temps où Jacques aurait été trop jeune pour donner cette figure barbue. Cet émail offre la particularité d'avoir été monté en clef de montre. »

Le même journal renferme d'intéressantes notices sur deux autres possesseurs d'émaux de Petitot : le duc de Richelieu (19, Boulevard de la Madeleine) et M. Marius Michel (26, rue des Mathurins).

« 4 décembre 1862. Le duc d'Anjou, petit-fils de Louis XIV, nº 1 de la vente du 26 mars 1862 acheté par M. de Richelieu. L'émail est signé de Petitot fils, écrit au pinceau, en bistre très pâle, au dos de la plaque. Pièce extrêmement remarquable par sa perfection qui atteint presque à ce qu'il y a de plus pur et de plus gracieux dans les ouvrages du père. Mais ce presque est beaucoup. Il consiste en ce que les chairs sont bleues et roses, comme sur la porcelaine, au lieu d'avoir ce ton chaud et vrai des Petitot Bordier. Elles sont cependant fort belles d'ailleurs et, comme le personnage est un garçon joufflu et florissant de 13 à 14 ans, ce qui fait, par parenthèse, dater cette peinture des années 1696 ou 1697, ces tons fleuris lui conviennent très bien. Dans les parties saillantes de la cuirasse, surtout dans les fleurs de lys, il y a du rehaut en or. La cravate aussi est moins légère et moins légèrement brodée que chez le père. C'est cependant, je le répète, une peinture faite avec un talent des plus remarquables et dont sont bien éloignés Zincke et les autres émules des Petitot, d'autant plus que Petitot, le père, étant mort en 1691, on ne peut pas dire qu'il ait aidé à cet ouvrage de son fils.

« M. le duc de Richelieu possède en outre une Mlle de Montpensier, très belle, tournée de trois quarts à gauche, mais que je n'ai qu'entrevue. Il a encore, mais provenant d'une autre origine, un grand émail, d'après le portrait usuel du cardinal son ancêtre, et une princesse qu'il a fait monter en boîte, une jeune femme au nez retroussé et franchement laide, qu'il croit être une princesse de Savoie. L'émail, qui représente le cardinal, est, pour le style, d'une ressemblance frappante avec la Ninon de Lenclos du Louvre et, comme elle, plus grand que ne le sont usuellement les Petitot. La plaque a très peu de convexité et la peinture est entièrement faite au pointillé, d'un pinceau assez gros pour que le grain soit très apparent à l'œil nu. Le faire est identique dans les deux et se sépare totalement des Petitot ordinaires, ce qui pourrait être tenu, par les critiques sévères, pour une marque d'inauthenticité.

« M. Marius Michel possède une Marie-Thérèse, épouse de Louis XIV, un bel émail qui semble bien être de Petitot, quoique le fond soit mal cuit et manque complètement de transparence (décembre 1862). »
« La grande Exposition Universelle, faite à Paris, au Champ de Mars, » écrit encore Henri Bordier, « n'a fait connaître qu'un très petit nombre d'émaux de Petitot, qui étaient placés dans les vitrines de l'Histoire du Travail, France, XVIIme siècle. Le catalogue imprimé se montre d'une extrême briéveté à leur égard. Voici le détail de tout ce qui en est venu à ma connaissance, de visu. » Emaux appartenant :

a) Au duc de la Rochefoucauld Bisaccia :

1. Une jeune femme en corsage bleu, à ramages noirs et ouvert par devant. Visage de trois quarts à gauche. Cheveux châtains bouclés et flottant autour de la tête. De grosses pendeloques aux oreilles. Point de collier. Sur la bordure du cadre est gravée cette inscription : Mlle Anne d'Albert, fille de Charles-Albert, duc de Luynes, pair et grand fauconnier de France, et d'Anne de Rohan, fille du duc de Montbazon et de Marie de Bretagne, comtesse de Vertus, mariée à Charles de Rohan, prince de Guémené, duc de Montbazon, pair de

France. Cet émail est donc le portrait d'Anne de Luynes, duchesse de Montbazon, une des plus célèbres héroïnes de la Fronde.

2. Une gravure d'homme de lettres, à grande perruque, vêtu d'une robe de chambre bleue à ramages d'or et garnie d'un collet de fourrure brune.

b) Au baron de Theis :

1. Une dame grasse et blonde, tournée de trois quarts à gauche, avec un corsage bleu à ramages d'or, une sorte de bracelet rouge au haut du bras gauche, une broche ronde en acier jetée par-dessus le corsage, une draperie bleue à fleurs d'or tombant sur le bras droit.

2. Une copie du portrait du duc d'Anjou enfant, dont l'original appartient au duc de Richelieu.

c) Au duc de Mouchy :

1. Un grand Louis XIV. — 2. Une princesse espagnole. — 3. Un ravissant jeune seigneur à grande perruque blonde, portant une cuirasse sur laquelle se détache une cravate de dentelles serrée par un nœud de velours écarlate.

d) A la comtesse Dryalinska :

1. Un Louis XIV dans la force de l'âge. — 2. Un magistrat coiffé d'une perruque noire.

e) A M. Léopold Double :

1. Un Louis XIV également dans la force de l'âge.

— 2. Un Turenne cuirassé de fer. La perruque et le rabat de dentelles occupent le reste du tableau.

f) A M. Edouard Fould :

1. Un Turenne tout semblable à celui possédé par M. Double, quoique plus grand. — 2. Louis XIV vieillissant. — 3. Le comte de Vermandois.

II. ANGLETERRE

A. MUSÉE VICTORIA ET ALBERT KENSINGTON
(Londres)

a) Collection Bernal : (1855)

1. Anne d'Autriche, miniature sur fond d'or. — 2. Frédéric Electeur Palatin, roi de Bohême. L'attribution et l'authenticité sont également douteuses.

b) Legs Plumley : (1868)

1. Ninon de Lenclos (simplement attribué à Petitot). — 2. Elisabeth lady Percy, plus tard duchesse de Somerset. — 3. Une dame inconnue.

c) Legs John Jones : (1882)

1. Louis XIV enfant. — 2. Louis XIV jeune. — 3. Louis XIV dans la force de l'âge. — 4. Louis XIV portant une écharpe bleue sur sa cuirasse. — 5. Louis

XIV portant une armure damasquinée. — 6. Louis XIV jeune, dans un cadre d'or émaillé fabriqué par Gilles Legarré. — 7. Louis XIV portant une armure, attribution douteuse. — 8. Anne d'Autriche, mère de Louis XIV. — 9. Marie-Thérèse d'Autriche, femme de Louis XIV. — 10. Gaston de France, duc d'Orléans, frère de Louis XIII. — 11. Anne-Marie-Louise d'Orléans, duchesse de Montpensier, dite la grande Mademoiselle. — 12. Charles de Bourbon, duc de Berry, petit-fils de Louis XIV. — 13. Armand-Jean du Plessis, cardinal duc de Richelieu. — 14. Giulio, cardinal Mazarin. — 15. Le surintendant Nicolas Fouquet. — 16. François-Michel Letellier, marquis de Louvois. — 17. Philippe, duc de Vendome, revêtu de sa cuirasse. — 18. Louis-Joseph, duc de Vendome. — 19. Henri de la Tour d'Auvergne, vicomte de Turenne. — 20. François-Henri de Montmorency, duc de Luxembourg. — 21. Henri-Jules de Bourbon, fils du grand Condé. — 22. Louis-Joseph de Lorraine, duc de Guise et prince de Joinville. — 23. Henri de Lorraine, duc de Guise, revêtu de son armure. — 24. François, duc de la Rochefoucauld, auteur des Maximes. — 25. Jean-Baptiste Poquelin Molière. — 26. André Le Notre, architecte. — 27. Louis-Auguste, duc du Maine, fils de Louis-XIV et de Mme de Montespan. — 28. Le comte de Vermandois, fils de Louis XIV et de Mme de La Vallière. — 29. Marie-Henriette de France, épouse de Charles Ier et reine d'Angleterre. — 30. Christine, reine de Suède, fille de Gustave-Adolphe. — 31. Anne-Geneviève de

Bourbon, duchesse de Longueville. — 32. Une sœur du grand Condé (également Mme de Longueville). — 33. Mme de Combalet, duchesse d'Aiguillon et nièce de Richelieu. — 34. Olympe Mancini, comtesse de Soissons. — 35. Hortense Mancini, duchesse de Mazarin. — 36. Armand de la Meilleraye, duc de Mazarin, époux d'Hortense Mancini. — 37. Marie de Rabutin Chantal, marquise de Sévigné. — 38. Françoise-Marguerite de Sévigné, comtesse de Grignan. — 39. Gabrielle-Louise de Saint-Simon, duchesse de Brissac. — 40. Marie de Bourbon, duchesse d'Orléans. — 41. Françoise-Athenaïs de Rochechouart, marquise de Montespan. — 42. Ibidem. — 43. Françoise-Louise de la Baume Le Blanc, duchesse de la Vallière. — 44. Ibidem. — 45. Mlle de Blois, princesse de Conti, fille de Louis XIV et de Mme de la Vallière. — 46. Ninon de Lenclos. — 47. Louise-Renée de Quérouaille, duchesse de Portsmouth. — 48. Gentilhomme revêtu de son armure. — 49. Autre gentilhomme également revêtu de son armure. — 50. Un gentilhomme. — 51. Gentilhomme portant un rabat blanc uni. — 52. Gentilhomme revêtu d'une armure damasquinée. — 53. Dame vêtue de bleu. — 54. Dame vêtue de jaune. — 55. Dame portant une écharpe rose. — 56. Jeune fille portant des perles dans ses cheveux. — 57. Tabatière dans le couvercle de laquelle est enchâssé un émail attribué à Petitot et représentant, suivant les uns, la comtesse de Grignan, suivant d'autres, la duchesse de Fontanges. — 58. Tabatière dont le couvercle est orné d'un émail

— 259 —

ovale représentant Henriette d'Angleterre, duchesse d'Orléans et belle-sœur de Louis XIV.

d) LEGS MITCHELL : (1878)

Tabatière dont le couvercle est revêtu d'un double
émail : à l'extérieur le comte de Bussy-Rabutin, à l'intérieur sa cousine, la marquise de Sévigné [1].

B. WINDSOR

Il n'existe, à l'usage du public, aucun catalogue des
émaux appartenant à la famille royale d'Angleterre et
déposés au château de Windsor. Nous pouvons néanmoins, grâce aux notes prises par Henri Bordier, indiquer quelques-uns des plus importants.

1. Mistress Midleton, une des beautés célébrées dans
les Mémoires de Grammont. Cheveux blonds bouclés et
ornés de perles, broche en pendeloques, manteau bleu,
robe en brocart jaune.

2. Mlle de Blois, princesse de Conti, une personne
d'une opulente carnation et d'une plantureuse beauté.
Chevelure blonde, perles dans les cheveux, aux oreilles,
au cou, au corsage. Manteau de brocart rouge et or,
robe de brocart jaune pâle traversée par une écharpe
bleue. Email mesurant 8 centimètres de haut sur 5 $^{1}/_{2}$
de large.

[1] Catalogue obligeamment communiqué par le Directeur de
Kensington.

3. Anne-Marie Martinozzi, princesse de Conti et nièce de Mazarin. Chevelure blonde et bouclée. Collier de perles et broches avec pendeloques sur un corsage de satin feuille morte. Manteau bleu.

4. Dame inconnue aux yeux bruns et aux cheveux châtain clair, manteau violet, robe jaune dont un pan de la draperie se relève sur le derrière de la tête et forme voile.

5. Mme de la Vallière avec les cheveux noirs, les yeux gris, un teint coloré, un manteau rouge.

6. Eleonore de Gonzague, impératrice d'Allemagne, épouse de Ferdinand III. Cheveux, yeux et sourcils très noirs, lèvres épaisses et ombragées, robe brun jaunâtre à raies rouges, collier de perles.

7. Dame avec des draperies brunâtres. Email inachevé.

8. Armand de la Meilleraye, duc de Mazarin. Cheveux bouclés, barbiche blonde, collerette de dentelles, manteau de cour brodé, ruban bleu de l'ordre du Saint-Esprit.

9. Marquise de Montespan. Cheveux et sourcils blond cendré, yeux d'un bleu grisâtre, physionomie enjouée et spirituelle, robe d'un rose vif, manteau bleu brodé d'or. Le plus bel émail de la collection de Windsor.

10. La comtesse de Grignan. Cheveux blonds et bouclés, yeux châtains, perles au cou, au corsage, dans la chevelure, manteau bleu, robe jaune à raies rouges.

11. Hugues de Lyonne, secrétaire d'Etat aux affaires étrangères. Cheveux blonds, yeux bleus. Délicieux petit émail, à la finesse duquel le crayon ne peut atteindre.

12. Claire-Clémence de Maillé Brézé, princesse de Condé. Cheveux et yeux châtains, collier de perles, guimpe jaune retenue par deux broches en acier. Portrait délicieux de finesse et de grâce.

13. Louise-Marie-Françoise de Savoie, reine de Portugal. Charmant émail d'une princesse blonde et rose, aux yeux bleu clair, au collier de perles, à la guimpe jaune.

14. Henriette-Marie d'Angleterre, duchesse d'Orléans, fille de Charles Ier et belle-sœur de Louis XIV. Cheveux blonds, yeux bleu clair, guimpe jaunâtre.

15. Mme de Sévigné. Cheveux blonds, yeux bruns. Traits difficiles à saisir dans un croquis à cause de leur extrême finesse.

16. Duchesse de Lude.

17. Eleonore-Marie-Josèphe d'Autriche, reine de Pologne. Cheveux blonds, yeux très bleus, voile et guimpe jaunâtres.

Henri Bordier eut en outre l'occasion, pendant de fréquents séjours en Angleterre, entre autres en 1865, en 1870 et en 1872, d'étudier plusieurs émaux de Petitot possédés par de riches amateurs et par conséquent inaccessibles au grand public. En voici l'énumération sommaire. Appartenant :

a) Au duc de Cambridge :

1 et 2. Charles Ier Stuart et Henriette de France, son épouse, deux portraits des plus intéressants, parce qu'ils datent de la toute première période de Petitot. Le roi,

avec un cordon bleu sur son épaule gauche et de longs cheveux flottant sur sa cuirasse, se détache sur un ciel nuageux. La reine reproduite avec une exactitude qui dédaigne de dissimuler sa laideur, porte des cheveux châtains frisés avec un grand soin, un collier de perles, une robe brun jaunâtre. Au bas de l'émail se voient des arbres, une tentative qui n'a pas été renouvelée par l'artiste au cours de sa longue carrière.

3 et 4. Charles II et Catherine de Bragance, son épouse. Le premier prend place parmi les chefs d'œuvre du peintre. Les traits de la reine se détachent sur un fond sépia avec une exquise finesse. Yeux et cheveux châtains, diadème et collier de perles, nombreuses broches d'acier retenant un corsage bleu avec garniture noisette et manches de dentelle blanche. Ces quatre émaux, malgré leur charme incontestable, ne possèdent pas encore l'élégante facilité, la beauté souveraine, l'impeccable harmonie auxquelles atteignit plus tard Petitot.

5. Le Grand Dauphin, fils de Louis XIV, représenté à l'âge de 15 ou 16 ans. Très beau portrait.

5. Riche boîte en or ornée de trois émaux : Louis XIV au milieu, Mme de Maintenon à gauche et, à droite, une autre dame, vraisemblablement la marquise de Montespan.

b) A Lady Burdett Coutts.

1. Charles Ier, tourné de trois quarts à droite et revêtu de son armure. Cheveux tombant à gauche sur la poi-

trine, grande chaîne en or traversant de l'épaule gauche au côté droit. Pour fond, à gauche un mur et à droite le soleil couchant. Sur la plaque, renforcée par une rondelle de bois, se lit : Charles Ier by Petitot, une note d'Horace Walpole. Joli émail datant de la première période de Petitot.

2. Charles II, déjà âgé, avec une grande perruque noire, une petite moustache, un habit brodé de rouge et traversé par un ruban bleu, une collerette en dentelle. Ce portrait se trouve à l'intérieur d'une boîte en émail bleu, sur le couvercle de laquelle se voit une couronne avec les initiales C. R.

3. Jacques II, jeune et imberbe, avec de longs cheveux blond cendré, le teint frais, les yeux bleus, une grande collerette en dentelle et un ruban bleu traversant un habit brodé d'or. La figure se détache sur un ciel nuageux et même complètement noir dans la partie gauche. Au dos de l'émail, sur une rondelle de bois, se lit l'inscription : James 2[d], when duke of York, by Petitot. A present from the duke to his mistress, Mrs Godfrey.

4. Henriette d'Angleterre, duchesse d'Orléans et fille de Charles Ier. Email monté en or ciselé avec une glace derrière. Yeux bruns, cheveux châtain foncé disposés en boucles, collier de perles, robe de satin bleu tailladé de blanc, avec une garniture de gaze noisette retenue par des broches en acier. Les traits de la princesse se détachent sur un fond sombre et même, à droite, presque noir.

5. Mme de La Vallière, une femme d'une trentaine d'années. Yeux bruns, cheveux châtains. Collier de perles. Draperie de poitrine en mousseline d'un brun jaunâtre. La figure se détache sur un ciel nuageux. La monture de cet émail est toute semblable à celle de Charles Ier. Au dos, sur une rondelle en bois, se lit cette notice écrite de la main d'Horace Walpole : Mme de La Vallière, mistress to Louis the 14th, by Petitot. H. W.

6. Mme de Maintenon. Yeux bleus, teint blanc rosé, cheveux blonds et frisés, collier et boucles d'oreilles en perles, manteau brun, robe en satin bleu avec dentelles et nœud de velours rouge. Les traits de la marquise se détachent sur un fond clair. L'émail est remarquable de finesse, de grâce et de charme. Au dos, gravé sur une plaque d'or : Mme de Maintenon, by Petitot, from the Collection of the late Majesty, Georges IV.

7. Henriette-Marie de France, épouse de Charles Ier, vue de face. Figure allongée et peu agréable. Cheveux disposés en longues boucles. Corsage blanc. Manteau bleu apparaissant sur chaque épaule. Monture du temps en or et formant broche.

8. Henriette-Marie Stuart, fille de Charles Ier, épouse de Guillaume II, stathouder des Pays-Bas, mère de Guillaume III, roi d'Angleterre. Une belle personne tournée de trois quarts et regardant à gauche du spectateur. Cheveux très blonds et bouclés tout autour de la tête. Poitrine très découverte. Corsage ouvert, quoique ne laissant voir que la mousseline brodée du

vêtement de dessous. Robe en velours bleu à fleurs d'or, pouvant s'agrafer par devant, mais ouverte et doublée de soie rose. Nœud de velours incarnat sur le dessus de la tête. Email mesurant 2 ½ pouces de hauteur.

c) Miss Baring :

La collection ne comprend pas moins de 20 émaux de Petitot, dont 12 ornent des tabatières rondes, 7 des tabatières carrées ou carré long ; une seule plaque ovale n'est pas montée. Toutes ces tabatières ont été fabriquées en simple écaille noire, sauf une, pour laquelle a été choisie la couleur blanche. La décoration en est des plus simples, quoiqu'un cadre en or sertisse l'émail. En voici l'énumération :

1. Louis XIV vieux, avec cuirasse et perruque grise. — 2. Un homme jeune tourné à gauche, dont les traits rappellent ceux de Racine. Teint brun, vaste perruque noire, gilet de satin brodé de blanc. — 3 ; 4 ; 5, représentant les uns et les autres Louis XIV. Dans le N° 3, le plus beau incontestablement, le roi est tourné de trois quarts vers la droite et porte un justaucorps avec hausse col. L'armure d'or forme sur l'épaule gauche une tête de griffon, tandis qu'une draperie bleue est attachée sur l'épaule droite. La perruque est très noire. — 6. Gaston d'Orléans, jeune, avec une tête bouclée et un grand rabat blanc avec des glands tombant sur un cordon terminé par des mouchets. Quelques critiques tiennent ce portrait pour celui d'un duc de Guise. — 7. Dame aux cheveux blond cendré et aux joues roses ;

guimpe jaune brun, broche grisaille, collier de perles.
— 8. Gentilhomme aux traits gracieux et fins, avec une
perruque blonde et un rabat de dentelle blanche. —
9. Dame d'une beauté éclatante, vraisemblablement la
comtesse de Grignan. Abondante chevelure blond cendré, robe noirâtre à fleurs d'or, garniture de mousseline
blanche sur les bras et la poitrine. — 10. Dame aux
traits nobles et imposants, ressemblant quelque peu à
Marie-Thérèse d'Autriche. Cheveux blond clair, collier
de perles, draperie blanche, sur la tête un épais bouquet
de plumes blanches et rouges. — 11. Un homme à la
perruque châtain foncé et à l'habit de velours cramoisi
brodé de fleurs d'or et traversé par le ruban bleu de
l'ordre du Saint-Esprit. — 12. Dame aux cheveux châtains, au collier de perles, à la robe de satin lilas, aux
épaules couvertes d'une draperie bleue brodée d'or. Le
portrait se détache sur une boîte ronde en écaille
blanche. — 13. Dame revêtue d'une draperie jaune,
avec mousseline brodée, couvrant la poitrine. — 14.
Charles Ier peint sur une plaque carrée, visage de face,
tête nue, écharpe bleue sur l'épaule gauche, col rabattu
sur l'armure. — 15. Gentilhomme aux traits fins, au
teint pâle, aux cheveux d'un blond cendré, presqu'inco-
lore. Sous le rabat se voit une cuirasse à dentelure
rouge. — 16. Vieillard à la physionomie dure et commune, ressemblant au président Voysin. Perruque
chataine, ruban bleu, habit en brocart d'or. — 17.
Dame aux cheveux roux, mais ne se voyant tels que
sur le front, tandis que les autres sont perdus dans

l'ombre. Collier de perles. Draperie jaune se détachant sur un corsage bleu sombre et marquée en travers par des raies rouges. Au dessus de la draperie une chemisette blanche. — 18. Jeune homme d'une grande beauté, revêtu d'une cuirasse, d'une cravate de dentelles et d'un pourpoint jaune qui n'apparaît que sur la droite. L'émail, non monté, est serti dans un cercle d'or. — 19. Anne d'Autriche. — 20. Personnage inconnu.

d) Thomas Baring Esquire :

Jeune femme aux cheveux noirs et bouclés, aux traits allongés et délicats, à la draperie blanche et dépourvue de tout ornement. L'émail, très petit, surmonte une jolie boîte ovale.

e) Lord Fitz-Harding. Berkeley-Castle :

1. Louis XIV, représenté avec toute la majesté d'un empereur romain et vêtu d'une cuirasse garnie de camées et autres pièces ciselées, dont l'or se détache sur l'acier du fond. Au dessous apparaissent des raies roses. Un manteau bleu est harmonieusement drapé sur les épaules. L'émail, monté sur une tabatière d'écaille noire, peut se comparer, pour la grandeur comme pour la perfection, avec celui acquis par le duc d'Aumale et donné par lui au Musée Condé. Le critique remarque quelques différences dans l'ornementation de la cuirasse.

2. Dame aux yeux et au teint bruns, aux cheveux châtain foncé ; broche et boucles d'oreilles en perles ; chemisette blanche ; robe bleue avec devant violet ; man-

teau de brocart doré retenu par des broches d'acier sur les épaules. La figure se détache sur un fond châtain clair. La dame est la même que celle peinte sur une boîte en bois blanc dans la collection de Miss Baring. Ici l'émail, de forme ronde, décore une boîte magnifique, en or émaillé, avec un double cordon, l'un extérieur avec des fleurs également en émail, l'autre intérieur avec des perles.

f) COMTE GOSFORD :

1. Charles II, avec des traits durs et une grande perruque noire.

2. Anne d'Autriche, avec des cheveux blonds frisés et un collier de perles, deux émaux charmants dans leur petitesse.

3. Baronne de Breteuil. Yeux bleus, teint rose, cheveux châtain clair, recouverts à l'arrière de la tête par un voile noir, boucles d'oreilles en perles, chemisette blanche, robe gris ardoise parsemé de fleurons d'or, draperie bleue retenue par une broche d'acier sur la poitrine. La figure se détache sur un fond bistre. Le nom du modèle est inscrit sur une banderolle d'or.

4 et 5. Louis XIV. Deux petits portraits émaillés.

6. Mlle de Montpensier. Portrait d'une finesse admirable, ravissant de fraîcheur, de moelleux et de vérité. Teint rose, yeux bleu clair, cheveux du blond le plus doux qui se puisse voir, robe très décolletée d'un jaune foncé rehaussé par une draperie bleue. La figure se détache sur un fond gris de fer.

7. Henriette d'Angleterre, duchesse d'Orléans. Cheveux châtain foncé disposés en boucles, yeux noirs, collier et diadème de perles, robe jaune pâle retenue par une broche également en perles. La figure se détache sur un fond sépia. Le cadre est formé par un cordon d'émail noir et blanc, s'enroulant en torsade autour de la plaque.

8. Gentilhomme inconnu à la tête brune et fine. Perruque et moustache brunes, grand col blanc attaché par un cordon à mouchets, pourpoint de couleur sombre. Au dos de la plaque est peint un paysage consistant en arbres noirs se détachant sur un fond bleu.

9. Gentilhomme aux traits d'une extrême finesse, aux yeux bleus, au teint coloré, à la grande perruque blonde tirant sur le roux, au rabat blanc garni de dentelles.

g) Lord Taunton :

1. La marquise de Montespan. Yeux bleu foncé. Cheveux d'un blond très clair disposés en boucles. Teint blanc avec des contours coloriés d'un carmin très vif. Physionomie éveillée et spirituelle. Collier de perles. Robe rouge avec bordure d'acier et garniture de dentelles.

2. Mistress Middleton, une blonde ravissante qui se détache sur un fond grisâtre. Robe bleue, coiffure entremêlée de perles. Analogue au portrait de Windsor, quoiqu'un peu plus petit de dimension.

3. Mme de Montbazon, duchesse de Chevreuse. Figure pleine et souriante se détachant sur un fond brun clair.

Cheveux blond foncé. Yeux bleus. Guimpe jaunâtre. Diadème, broche et collier de perles.

4. Anne d'Autriche. Ces quatre émaux, exquis de séduction et de finesse, figurent parmi les plus beaux de Petitot.

h) Lady Sophia des Vœux :

1. Louis XIV. Un émail parfait dans sa petitesse.

2. Anne de Gonzague, Princesse Palatine. Un émail charmant dans un cadre très riche. Robe rouge avec garniture jaune. Diadème et collier de perles.

3. Duchesse de Monpensier, vêtue en jaune brun et se détachant sur un ciel bleu avec nuages rouges.

4. Mme de Sévigné. Cheveux blonds. Physionomie piquante et sympathique. Collier de perles. Robe bleue avec garniture jaune rayée de rouge. Le nom de la cé-lèbre marquise est inscrit sur une plaque d'or placée derrière l'émail.

i) R.-S. Holford Esquire :

La comtesse d'Olonne, en costume de chasseresse, avec un carquois sur l'épaule, retenu par un ruban écar-late. Cadre très riche, avec garniture de fleurs et de fruits coloriés, en émail. La perfection de cette œuvre a été célébrée en termes enthousiastes, soit par Mariette, soit par Horace Walpole.

2. Duchesse de Longueville. Cheveux blonds très fins. Corsage blond. Draperie jaunâtre. Email identique à ce-lui du Louvre.

3. Louis XIV.

4. Dame tournée de trois quarts vers la gauche. Cheveux châtains. Jolie physionomie brune. Diadème et collier de perles. Robe vert clair rayée de rouge et retenue par des broches en acier. Désignée comme étant la marquise de Sévigné.

j) M. ADDINGTON :

1. Tête très belle d'un homme âgé d'environ 45 ans. Cheveux noirs, longs et bouclés. Manteau noir avec rabat de dentelles. Habit de dessous bleu clair. L'émail est monté sur une boîte ronde en écaille noire.

2. Email inachevé et très pâle encore, représentant une jeune femme toute semblable à la marquise de Sévigné possédée par M. Holford.

k) COMTE SPENCER :

1. Louis XIV.

2. Cardinal de Richelieu. Email de petite dimension peint sur une plaque ronde d'après le portrait traditionnel, tel qu'il se voit au Louvre, et monté dans un cadre Pompadour.

3. Jeune homme à la figure très pâle et à la grande perruque d'un blond très clair se détachant sur un fond sombre. Cuirasse de fer avec clous dorés. Cravate de soie noire nouée sous le rabat de dentelle blanche. Vieille monture de filigrane doré.

l) H. DANBY-SEYMOUR :

1. Dame inconnue aux yeux clairs, cheveux châtains, regardant à droite, remarquable par la simplicité de la

mise et l'absence complète de bijoux, puisqu'elle ne porte pas même de boucles d'oreilles. Guimpe brunâtre et chemisette montante. Fond bleu uni.

2. Mme de Maintenon. Physionomie moins vaporeuse que dans l'exemplaire du Louvre. Epais sourcils noirs. Cheveux d'un châtain assez clair. Epaule droite saillante. Corsage en satin blanc uni, orné d'une riche guirlande de fleurs. L'émail est encastré dans une boîte en pierre vert foncé rehaussée par des feuillages d'or. Tenu par quelques critiques pour le portrait de la marquise de Montespan.

3. Molière. Yeux au regard pénétrant. Bouche au sourire ironique. Cou dégagé. Poitrine à peine couverte par le manteau classique. Petite moustache noire. Perruque couronnée de laurier. A l'intérieur de la boîte en or se trouve gravée l'inscription : Donné à Mme la Comtesse de Feuquières par son ami Molière MDCLX.

m) ROBERT NAPIER ESQUIRE :

Mme de Maintenon d'après le portrait gravé par Mercuri. Email surmontant une boîte en or.

n) JOHN HENDERSON ESQUIRE :

Dame blonde, très belle, vue presque de face, avec une broche en perles à trois pendeloques retombant sur la poitrine. Ressemble fort à la duchesse de Longueville. L'émail, des plus remarquables, surmonte une boîte ovale, revêtue d'une garniture ancienne en or, très élégamment ciselé.

o) M. Bohn (Twickenham) :

1. Louis XIV, monté sur une boîte ronde en écaille noire.

2. Maréchale de l'Hospital, héroïne de la XIXme historiette contée par Tallemant des Réaux. Robe carmin avec une bordure bleu gris, chemisette de mousseline blanche, voile jaune avec rayures d'un bleu d'outre-mer très vif, couvrant l'épaule droite et entrant à gauche de la poitrine dans le corsage. Les traits se détachent sur un fond vert. Au dos du portrait se lisent les mots : Mme la Maréchale de l'Hospital, dessinés d'une main toute semblable à celle qui écrivit les manuscrits autographes de Petitot et accompagnés de deux coups de pinceau en bleu d'outre-mer. Mme de l'Hospital étant morte en 1651, l'émail daterait de 1650 et figurerait parmi les premiers ouvrages exécutés par Petitot depuis son établissement en France, ce qui expliquerait le nom du modèle inscrit au dos, un procédé auquel ne tarda pas à renoncer l'artiste.

3. Mme de la Sablière. Cheveux très blonds, jolie carnation rosée, voile blanc, collier de perles, robe lilas, draperies jaunâtres, retenues par des broches en acier. Le nom de la marquise est inscrit au dos de la plaque, mais par une main relativement récente.

4. Un homme à grande perruque, désigné, au revers de la plaque, comme Edmond Waller, un poète de la cour de Charles II.

5. Un dame aux traits fins, aux cheveux et au cor-

sage noir, au bonnet bistre, se détachant sur un fond bleu faience. Au revers du même émail, également sur un fond bleu, se voit une petite tête de femme, peinte en noir, au milieu d'un bouquet dont les couleurs sont rouge de saturne, blanc, vert clair, jaune et lilas.

6. Dame vue de face, très jeune et très belle. Figure longue et pâle, traits nobles et réguliers, cheveux noirs bouclés autour de la tête, sur le sommet de laquelle apparaît un nœud de rubans noirs retenus par une broche. Pendeloques de grosses perles aux oreilles. Corsage en dentelle blanche. Robe de chambre jaune coupée par des bandes lilas et semées de fleurs noires, avec une bande bleue, soit au collet, soit sur le devant. L'émail, haut de 11 centimètres, est enchassé dans un vieux cadre en bois doré et sculpté, parmi les ornements duquel apparaît un écusson armorié d'un lion passant à gauche avec trois trèfles en chef. Au dos, mais d'une écriture datant du XVIIIme siècle, se lit l'inscription : Donné par M. Petitot à Mme la comtesse de Feuquières.

p) Messieurs Hunt et Roskell :

1. Bernard, duc de Saxe-Weimar, un des plus illustres généraux de la guerre de Trente Ans. Traits durs et vulgaires, cheveux noirs, col blanc garni de dentelles, vêtement gris blanc avec écharpe bleue et nœud rouge sur l'épaule droite. Plaque d'émail non montée.

2. Jeune dame très blonde, tournée de trois quarts et regardant à gauche du spectateur. Coiffure en boucles mêlées de perles. Robe en satin rose bordée sur la

poitrine d'un rang de perles formant une triple pendeloque et entremêlées d'émeraudes. Le portrait orne une
boîte ovale émaillée en bleu.

3. Dame très brune, regardant à droite du spectateur.
Cheveux en boucles, tombant sans apprêt sur les épaules. Chignon enfermé dans une résille de perles. Robe
vert foncé, garnie sur le haut de la poitrine par un rang
de pierres précieuses formé alternativement de deux perles et d'un rubis. Ce portrait est également enchassé
dans une boîte ovale émaillée en bleu.

4. Dame très blonde et très belle, vue de trois quarts
et tournée à gauche. Cheveux bouclés un peu tombants et mêlés de perles. Collier et pendeloques d'oreilles. Robe bleue, légèrement ouverte par devant. Bijoux
en or sur le haut de la poitrine. Broche formée par un
gros rubis entouré de perles et placée sur l'épaule gauche. Ce dernier portrait surmonte une boîte ovale, mais
émaillée en brun.

q) Duc de Richmond :

Dame toute semblable à la duchesse de Mazarin figu-
rant au Musée de Kensington, mais portant un costume
différent, une robe à fleurs d'or. Très joli émail.

r) Lord Nathaniel de Rothschild :

1. Louis XIV debout, regardant en face, vêtu d'un
pourpoint de soie cramoisie. La main droite est appuyée
à une table, tandis que la gauche est légèrement campée
sur la hanche.

2. Marie-Thérèse d'Autriche, également debout, le sceptre en main, vêtue d'une longue robe bleue semée de fleurs de lys d'or.

Ces deux miniatures, très fines et mesurant environ 16 centimètres de haut sur 12 de large, sont renfermées dans des cadres de bois sculpté et doré. Au bas de chacune est inscrit, au pinceau et avec de la couleur blanche, le nom de J. Petitot, vraisemblablement de l'écriture de son fils.

3. Dame aux yeux bleus et aux cheveux parfaitement blonds. Guimpe brunâtre placée sur une robe d'un bleu d'azur éclatant et retenue par des broches en acier. Diadème et collier de perles. Double pendeloque sur l'épaule gauche. Bouquet de fleurs très vives sur le sommet de la tête.

4. Charmante jeune femme posée de trois quarts et regardant à la droite du spectateur. Robe en mousseline blanche rayée de bleu clair et relevée sur le bord de la poitrine par des coques de ruban jaune serin. Le portrait, qui se détache sur un fond vert clair, est enchassé dans une boîte de composition couleur rouge de saturne avec une bordure d'or ciselé.

5) Duc de Hamilton :

Le duc de Bourgogne à cheval et tête nue, avec une longue perruque brune, tenant le bâton du commandement à la main droite et montrant un combat de cavalerie dans le lointain. A l'arçon de sa selle est répété l'écu bandé aux trois fleurs de lys. A droite, au bas du cadre, est écrit en blanc et au pinceau : J. Petitot. Au dos se trouve une autre inscription beaucoup plus moderne : « Louis, dauphin, duc de Boutgogne. » Ce tableau, peint sur velin, a toujours été considéré comme l'œuvre de Petitot, puisqu'il provient du cabinet de Louis XVI, où il était placé comme pendant d'un portrait de Colbert peint en buste et entouré de plusieurs emblêmes à la gloire de l'illustre ministre. D'autres y voient l'image d'Armand-Louis de Bourbon, prince de Condé. Cette miniature très fine révèle un travail tout semblable à celui du Louis XIV et de la Marie-Thérèse possédés par lord Nathaniel de Rothschild.

t) Lord Chesham :

1. Louis XIV jeune, avec une cravate rouge, un ruban bleu, un cuirasse d'or. Très bel émail.

2. Louis XIV vieillard, avec une tendance marquée à l'embonpoint.

3. Anne d'Autriche jeune. Très belle blonde.

4. Le Grand Dauphin, vu presque de face et conçu dans un petit module. Rabat blanc. Cravate cramoisie.

5. Le Grand Dauphin, exécuté dans un beaucoup plus grand module, le col nu, cuirassé et tourné de trois quarts à gauche.

6. Mme de Sévigné, très jolie, avec un collier de perles et des boucles d'oreilles superbes.

7. Cromwell.

8. Milton. Un très bel émail.

9. Un joli enfant cuirassé et portant le cordon bleu.

10. Vieille dame aux cheveux gris bouclés.

11. Charmante jeune femme exécutée dans un très petit module.

12. Jeune fille avec une boucle blonde tombant sur le front et une autre sur l'épaule droite. Robe bleue. Aucun bijou.

u) Comtesse de Caledon :

1. Louis XIV, superbe d'expression, avec une perruque châtaine, un grand rabat brodé, un cordon bleu sur la cuirasse. Email d'un fini admirable.

2. William Farmor, lord Lempster. Traits nobles et réguliers. Perruque noire. Robe de chambre violette brodée de fleurs d'or et doublée de satin orange. Magnifique émail.

v) Lady Cremorne :

1. Philippe, duc d'Orléans et régent de France. Grande perruque brune. Cravate de dentelles blanches. Manteau de velours noir.

2. Personnage inconnu, regardé par quelques-uns comme un ecclésiastique à cause de son grand col blanc rabattu et de sa robe de soie noire. Le portrait décore l'extérieur d'une boîte ovale émaillée, tandis que l'intérieur est peint en bleu foncé, avec une couronne de fleurs sur le bord et un bouquet au milieu.

3. Anne, comtesse de Bedford, une jeune femme tournée de trois quarts. Cheveux blonds. Petit nez.

Perles au cou, aux oreilles et dans les cheveux. Guimpe jaunâtre attachée par une broche sur la poitrine et une autre sur l'épaule gauche. Email admirable de finesse.

4. Princesse de Bernonville. Jolie femme tournée de trois quarts vers la gauche. Nez aquilin. Cheveux blonds entremêlés de perles. Corsage mi-partie bleu et mi-partie rouge.

5. Jacques II, lorsqu'il n'était encore que duc d'York.

6. Gentilhomme revêtu de son armure.

7. Gentilhomme tourné de trois quarts. Perruque noire. Grand rabat de dentelles blanches. Robe de chambre en étoffe d'or à ramages.

8. Le duc du Maine avec la cuirasse et le cordon bleu. Email tout semblable à celui du Musée de Kensington.

9. Mme de Montbazon jeune encore, blonde et lymphatique. Perles au chignon, aux oreilles et en collier. Robe blanche et jaune avec un nœud sur la poitrine et un autre sur l'épaule droite, composés chacun d'un bijou en acier formé par trois poires en perles et posé sur un nœud de ruban cerise. Grand et bel émail.

10. Mme de Sévigné. Une belle femme tournée de trois quarts, à la chevelure brune, à la figure blanche et pleine. Boucles d'oreilles, collier et résille de chignon en grosses perles. Portrait identique à celui de Kensington.

11. Jeune femme à la robe bleue, au teint coloré, aux longs cheveux roux épais.

12. Dame inconnue, très bel émail.

13. Jean Petitot, le père. Barbiche et cheveux blancs, grand col blanc attaché par des cordons à mouchets. Vêtement de drap noir avec galons en velours de même couleur. Email ovale dans un cadre d'or tressé. Au revers se lit l'inscription : Petitot le Vieux par luy-même.

14. Jean Petitot le fils. Un bel homme avec une grande perruque châtaine et un vêtement violet avec une broderie d'or. Sur le revers de la plaque se lisent les mots : Petitot fait par luy-même, d'âge de 33 ans — 1685. Portrait ressemblant fort à celui peint par Mignard et appartenant au Musée de Genève.

15. Mme Petitot fils, jeune et très forte avec un corsage bleu et jaune.

16. La même, mais maigre et presque vieille. Corsage vert et rouge. Au dos ces mots gravés sur une plaque d'or : Petitot a fait à Paris, en janvier 1650, ce portrait qui est celui de sa femme.

w) LADY CADOGAN :

1. Anne d'Autriche, jeune et belle. Cheveux noirs. Habits et voile de deuil. Guimpe de mousseline blanche couvrant la poitrine. Le fond, quoiqu'il représente un ciel nuageux, ne durcit pas les traits.

2. Lady Cadogan. Chevelure blonde. Nœud de rubans cramoisis sur le sommet de la tête. Robe bleue à ramages d'or doublée de satin orange.

3. Gentilhomme revêtu d'une cuirasse.

4. Magistrat encore jeune. Traits nobles et réguliers. Perruque noire. Robe rouge.

5. Gros homme brun s'enveloppant dans une robe de chambre violette doublée de rouge et tenu par les uns pour le marquis de Louvois, par les autres pour Honoré de Balzac.

La plupart de ces émaux sont sans doute restés entre les mains des possesseurs indiqués ci-dessus, d'autres ont été probablement dispersés selon le caprice des enchères. Tout renseignement à cet égard serait le bienvenu. Entre plusieurs reproductions du même personnage, si quelques-unes peuvent prétendre à une incontestable originalité, d'autres ne sont que des copies plus ou moins parfaites, contemporaines ou exécutées à une époque postérieure. Il serait singulièrement difficile de se prononcer sur chaque cas particulier. Nous réservons également toutes les questions relatives à la personnalité et à l'authenticité.

III. PAYS BAS [1]

A. COLLECTION APPARTENANT A LA REINE WILHELMINE

Provenant de la succession d'Alexandre, prince d'Orange et déposée au palais des Archives à La Haye.

[1] Renseignements dus à l'obligeance du Dr Kræmer, directeur des Archives.

1. Henriette-Marie Stuart, 1631-1660, fille de Charles Ier, roi d'Angleterre, épouse de Guillaume II, stathouder des Pays-Bas. Email exécuté d'après un tableau de Gérard Honthorst.

2. Guillaume III, prince d'Orange-Nassau et roi de la Grande Bretagne, 1650-1702, fils de Guillaume II et d'Henriette-Marie Stuart.

3 et 4. Louis XIV à différents âges et en divers costumes.

5. Mme de Maintenon, d'après le portrait de Mignard appartenant au Louvre.

6. François duc de la Rochefoucauld, auteur des Maximes.

7. Jean Petitot, avec l'inscription au revers de la plaque : Fe 1650.

IV. SUISSE — GENÈVE

A. COLLECTION STRŒHLIN-BORDIER

1. Petitot déjà âgé et vêtu selon la mode de Louis XIII. Cheveux longs et grisonnants. Moustache et barbiche à la Richelieu. Pourpoint de velours noir. Grand col blanc attaché avec des cordons à mouchets. L'émail, mesurant 18 millimètres de haut sur 20 de large et portant au dos la suscription P. F., est monté sur une boîte en or ciselé.

2. Louis XIV, souriant et vainqueur. Perruque blonde. Cravate de dentelles blanches avec nœud de rubans rouges. Grand cordon bleu de l'ordre du Saint-Esprit. Email enchassé dans une tabatière en écaille et mesurant 22 millimètres de haut sur 30 de large.

3. Anne d'Autriche représentée en costume de veuve espagnole. Mante de dentelle noire posée sur la chevelure blonde et retenue au sommet de la tête par une aigrette en diamants. Deux grosses perles servant comme boucles d'oreilles. Grand col de linon blanc. Guimpe blanche montante sur une robe de satin noir. Email circulaire mesurant 30 millimètres de diamètre.

4. Dame de la cour de Louis XIV, vraisemblablement la comtesse de Grignan, puisque les traits élégants réguliers, impassibles, coincident avec tout ce que l'histoire rapporte de la fille si correcte et si froide de Mme de Sévigné. Email monté sur une tabatière en écaille et mesurant 24 millimètres de haut sur 21 de large.

5. Seigneur de la cour de Louis XIV portant une grande perruque châtain foncé, une chemisette de mousseline blanche, un large ruban rouge. Email mesurant 18 millimètres de haut sur 22 de large.

6 et 7. Double portrait de Mlle de La Vallière, représentée sur une des faces en duchesse, sur l'autre en pénitente. La duchesse rappelle la jeune fille qui fit une si vive et si profonde impression sur Louis XIV avec ses traits fins et délicats, ses yeux bleus limpides et purs, sa magnifique carnation, sa bouche souriante. Collier et

boucles d'oreilles en perles fines, robe en soie bleu clair très décolletée et rehaussée par une broche et des nœuds en pierres précieuses. La Madeleine, dont la pose rappelle celle choisie par Le Guide et les autres maîtres religieux de l'Italie, est plus charmante encore avec sa splendide chevelure blonde éparse sur ses blanches épaules, ses bras potelés, dont l'un soutient sa tête languissante, tandis que l'autre est harmonieusement croisé sur sa poitrine, ses yeux voilés et rêveurs levés vers le ciel, ses lèvres suppliantes et interrogatives. L'entrée de la favorite au couvent des Carmélites de la rue Saint-Jacques revient immédiatement à la mémoire et nous songeons aux lettres, si touchantes dans leur austérité, de Sœur Louise de la Miséricorde. L'émail, d'une exécution admirable, mesure 28 millimètres de haut sur 20 de large. Il n'existe pas un autre exemple du double portrait d'un même personnage dans l'œuvre si considérable de Petitot.

Erratum, p. 20.

Simon Goulart était natif non de la Bourgogne, mais de l'Île de France — non de Sens, mais de Senlis, une ville voisine de la Picardie, plus proche compatriote par conséquent de Calvin que de Théodore de Bèze.

TABLE DES MATIÈRES